www.tredition.de

AF197873

Rosmarie Gerstl

Blindenführhund Tessy - Mein Leben auf der Gerstlfarm

www.tredition.de

© 2020 Rosmarie Gerstl

Verlag und Druck: tredition GmbH, Halenreie 40-44, 22359 Hamburg

ISBN
Paperback: 978-3-347-11047-2
e-Book: 978-3-347-11049-6

Blindenführhund Tessy – mein Leben auf der Gerstl- farm

Einleitung

Für alle, die mich noch nicht kennen, möchte ich mich kurz vorstellen. Mein Name ist Tessy und ich bin eine zweijährige, wunderschöne blonde Labradordame. Schon als putziger Welpe wurde ich für die Aufgabe als Blinden- führhund ausgewählt. Mein erstes Lebensjahr verbrachte ich in einer Patenfamilie, anschließend lernte mir mein Ausbilder Paul mit viel Liebe und Geduld, wie das geht, einen blinden Menschen sicher auf all seinen Wegen zu führen. Ja, da hab ich schon ganz schön viel gelernt. Nach unserer gemeinsamen Einschulung und Gespannprüfung, bin ich nun ganz offiziell der Blindenführhund von Rosi. Wen das genauer interessiert, wie ich so ein richtiger Blindenführhund wurde und was ich als Welpe für Blöd- sinn getrieben habe, kann ja mein erstes Büchlein „Tessy – mein Weg zum Blindenführhund" lesen. Aber vielleicht habt ihr das ja bereits getan und ihr seid einfach nur neugierig, was ich auf der großen weiten Welt als Begleiterin meines blinden Frauchens alles erleben darf. Rosi ist 36 Jahre und erblindete vor 13 Jahren (1990) an einer diabetischen Retinopathie. Das ist eine Folge der Zuckerkrankheit. Sie muss mehrmals täglich Insulin spritzen und ihren Blutzucker testen.

Wenn ich schon beim Vorstellen bin, mach ich doch gleich weiter bei meinem Labradorfreund und Schulkollegen, dem Timba. Er ist ein ebenfalls wunderschöner 1 ½-jähriger schwarzer Labradorrüde. Er durchlief die gleiche Laufbahn wie ich, also Patenfamilie und Ausbildung zum Blindenführhund usw. Das kennt ihr ja jetzt schon, nur ist er der Blindenführhund von Joe. Joe ist Rosis Mann. Er erblindete vor 9 Jahren infolge eines Unfalles mit ungelöschtem Kalk. Beide haben also lange Jahre gesehen und nun meistern sie gemeinsam ihr Leben in der Dunkelheit.

Rosi hatte vor mir schon zwei Blindenführhunde. Ihr erster vierbeiniger Freund und Helfer auf vier Pfoten war Bero, ein schwarzer Labrador. Er führte Rosi bis zu seinem zehnten Lebensjahr. Danach folgte Boris, ein Deutscher Schäferhund. Boris entwickelte aber mit der Zeit einen großen Schutztrieb, so dass sich Rosi dazu entschied, ihn frühzeitig aus dem Dienst zu nehmen. Er ist jetzt sechs Jahre und lebt bei einem sehr netten älteren Ehepaar in Freiburg und darf einfach nur Hund sein. Auch Joe hatte bereits einen Blindenführhund. Kai ein Deutscher Schäferhund ist leider krank, er hat einen Tumor an der Wirbelsäule, der sich nicht operieren lässt. Kai hat es nicht verkraftet, dass sein Herrchen mit einem anderen

Hund außer Haus geht. Er darf seinen Ruhestand nun bei einem Freund von Joe auf einem Bauernhof im Schwarzwald verbringen.

Bildbeschreibung: Rosi mit Tessy im Führgeschirr

Bildbeschreibung: Joe mit Timba im Führgeschirr

Unser neues Zuhause die Gerstlfarm in Wyhl am Kaiserstuhl

Es ist jetzt Anfang Mai 2003 und wir zwei Schlappohren haben uns schon ganz gut eingewöhnt hier auf der Gerstlfarm. Heute Morgen war ich mit Rosi und ihren Hundefreundinnen schon auf dem Feld, wie man hier am Kaiserstuhl so schön sagt. In dieser Gegend wird vor allem Obst und Gemüse angebaut und es gibt unendliche Wiesen und Felder, auf denen ich mit meinen Freunden so richtig herrlich toben kann. Vor allem mit Sanjo, einem Golden Retrievermix verstehe ich mich supergut. Er ist ganz auf meiner Wellenlänge, aber auch die anderen sind ganz okay.

Timba ist mit Joe gegen Mittag zum Falkensteiner gelaufen. Dort hat Joe ein großes Gartengrundstück. Es ist riesengroß mit vielen Bäumen und Sträuchern und einer geräumigen Hütte. Dort bleiben die beiden auch manchmal über Nacht.

Ich bin mit Rosi eher Zuhause und wir beide erledigen den Haushalt und das Organisatorische. Gestern beispielsweise führte ich mein Frauchen zur Bank und danach zum Edeka. Dort gehe ich am liebsten hin. Erst kaufen wir vorne gleich beim Bäcker frisches Gebäck, aber dann spurte ich ganz schnell, gerade so, dass Frauchen noch mitkommt, ganz nach hinten zur Fleischtheke. Dort riecht es unverschämt gut für meine Labbinase. Mann oh Mann, das ist ja kaum zu ertragen, was da für gute Sachen hinter der Glasscheibe liegen, aber ich muss „Platz" machen, weil Frauchen das so will. Sehen kann ich das gute Zeug von da unten zwar nicht mehr so gut, aber riechen. Ja und zu guter Letzt bekomme ich dann doch noch eine Wurst geschenkt von der netten Verkäuferin. Sie begleitet uns dann noch durch das Geschäft, bedient Rosi beim Gemüse und holt uns noch einige Sachen, was wir so brauchen aus den Regalen. Rosi bedankt sich für die Hilfe und auf das Hörzeichen „Tessy zum Schalter" gehen wir beiden zügig zur Kasse. Rosi bezahlt, packt ihren Einkauf in den Rucksack und wir gehen zurück nach Hause.

Manch einer von euch hat sich nun sicherlich gefragt, wie bezahlt denn ein Blinder an der Kasse, wie kann man denn ohne zu sehen das Geld erkennen? Ich werde es Euch erklären:

Also bei den Euromünzen ist das ganz einfach. Die haben unterschiedliche Riffelungen am Rand. Rosi fährt mit dem Fingernagel am Rand der Münze entlang und weiß sofort, welche es ist. Außerdem haben die ja auch unterschiedliche Größen. Bei den Scheinen ist das schon etwas schwieriger. Die haben zwar auch unterschiedliche Größen, aber der Unterschied ist minimal. Rosi sortiert mit Hilfe einer Schablone zu Hause ihre Scheine und faltet diese dann unterschiedlich. So kann sie dann an der Kasse sofort erkennen, welchen Schein sie in der Hand hat. Tja und beim Wechselgeld, da muss Frauchen dann einfach Vertrauen haben in ihre Mitmenschen, dass das stimmt. Aber bis jetzt ist sie noch nie betrogen worden, sie hat es jedenfalls noch nie bemerkt. Das wäre ja auch allerhand, wenn jemand solch eine Situation ausnützt.

So, nun aber zurück zur Gerstlfarm. Hier ist es ja so interessant. Ich muss euch unbedingt erzählen, was es hier noch alles gibt. Zuerst werden wir von Max dem großen Ziegenbock begrüßt. Er läuft hier frei auf dem Hof herum. Wenn ein Fremder beim Hoftor reinkommt, bleibt Max erst mal stehen, begutachtet den Besucher und stampft mit seinen Hufen. Er wirkt schon beeindruckend mit seinen großen Hörnern. Max ist Timbas bester Freund. Die beiden können stundenlang im Hof fangen spielen. Das macht einen Riesenspaß zuzusehen, aber mitmachen tu ich da nicht. Das ist mir dann doch zu wild. Nicht dass ich da unter die Räder, bzw. unter die Hörner komme.

Dann sind da noch die drei Katzen Murli, Minki und Miezi und im Esszimmer unser Lisele, ein Graupapagei. Wer jetzt denkt ich bin schon fertig, der hat sich getäuscht. Im Stall hat Joe noch zwei Schweine, Stallhasen und draußen in einem großen Gehege sind die vier Zwergziegen. Im Gehege beim Pfirsichbaum wohnen dann noch die Eierlieferanten der Gerstls, die 10 Hühner und ein stolzer Hahn.

Bildbeschreibung: Joe mit Zwergziege Nanni

Bildbeschreibung: Ziegenbock Max und Labrador Timba

Normalerweise ist das Zusammenleben der einzelnen Tiere untereinander recht harmonisch. Doch erst letzte Woche gab es einen kleinen Zwischenfall mit mir und der kleinen schwarzen Miezi. Wir kamen, gerade vom Einkaufen. Rosi lobte mich an der Eingangstür für meine gute Arbeit und zog mir das Führgeschirr aus. Das heißt also: ich habe jetzt Freizeit!

Ich wollte gerade zu meinem Wassernapf, da sitzt das kleine Kuschelmonster und animiert mich zum Hinterherdüsen. Na also, nichts wie ab, ich bekomm Dich schon, Du kleines Miststück. Oh je, ein Schrei und der Haustürschlüssel kam schon geflogen. So schnell konnte ich überhaupt nicht schauen. Ich dachte mir, Frauchen sieht nichts, aber jetzt hat sie mich fast getroffen. Das war knapp daneben. Na ja, eigentlich weiß ich ja, dass ich keine Katzen jagen darf, aber da ging mein jugendliches Temperament mit mir durch. Der kleine Frechdachs weiß aber auch genau, wie sie uns Hunde provozieren kann. Sie ist mit unseren Vorgängern Kai und Boris aufgewachsen und hat schon von klein auf gelernt, wie man uns aus der Reserve locken kann. Na ja, aber ich lass das jetzt lieber mal bleiben - wer weiß, welche unbekannten Flugobjekte das nächste Mal geflogen kommen. Und Frauchen ist mir auch lieber, wenn sie nett und freundlich ist.

Jahrhundertsommer 2003

Ich sag euch, mir ist vielleicht warm. Jetzt hat es doch schon seit gut drei Monaten so eine Hitze. Fast durchgehend 35 Grad und mehr und es ist kein Ende in Sicht. Wir haben jetzt gerade Anfang August. Wie lange wir hier wohl noch dahinschmoren müssen? Nicht mal in der Nacht kann man die Fenster aufmachen, weil es hier kaum abkühlt Da werde ich überhaupt nicht mehr fertig mit hecheln. Wir treffen uns morgens um fünf Uhr schon mit Sancho und seinem Frauchen auf dem Feld, aber dann bis sieben Uhr spätestens sind wir wieder zu Hause. Da fängt es schon wieder an dampfig zu werden. Während des Tages verkriechen wir uns dann ins Haus. Da ist es angenehm mit Klimaanlage. Wir können ganz selten was unternehmen, weil es einfach viel zu heiß ist. Wenn

Frauchen jetzt unbedingt irgendwo hin muss, fährt sie mit dem Taxi. Ich würde mir ja die Pfoten verbrennen auf dem heißen Teer. Das ist echt Wahnsinn.

Rosi leidet sehr unter dieser Situation. Den ganzen Tag im Haus, das ist nichts für mein Frauchen. Sie ist total verzweifelt, weil es ihr echt schlecht geht, auch gesundheitlich.

Die Region Kaiserstuhl ist ja bekannt für ihr mildes Klima und den Weinanbau, aber das ist dann doch zu viel des Guten. Wenn sogar gebürtige Kaiserstühler über die andauernde Hitze klagen, muss das schon was heißen. Rosi muss sich was überlegen, so kann es nicht weitergehen. Wer weiß, wie die nächsten Sommer werden.

Wir kommen gerade heim von unserem morgendlichen Spaziergang, da nimmt sich Rosi ihren ganzen Mut zusammen und jetzt muss es raus. Joe steht gerade im Hof, da sagt Rosi zu ihm:

„Du Schatz, mir geht es verdammt schlecht hier mit dieser Hitze. Ich gehe hier ganz jämmerlich ein, wenn ich noch länger hierbleibe. Komm, lass uns woanders hinziehen!"

Ich hörte den Stein plumpsen. Jetzt war es meinem Frauchen leichter ums Herz. Joe wollte natürlich auch nicht alleine hierbleiben. Er litt zwar nicht ganz so unter dieser Situation, weil er einfach nicht so ein Rennbesen ist wie mein Frauchen, aber so glücklich war er auch nicht mit dieser Wahnsinnshitze. Das hält ja keiner aus.

So jetzt, lange Rede, kurzer Sinn: Die zwei Gerstls beschlossen kurzerhand, eine neue Heimat zu suchen für die Gerstlfarm. Nur wohin sollte die Reise gehen? Noch einmal ganz neu anfangen in einer neuen Umgebung, wie vor sechs Jahren hier in Wyhl, das ist schon verdammt anstrengend für zwei Blinde. Also sollte es irgendwo hingehen, wo sich wenigstens einer der beiden auskennt. Nach einigen Überlegungen beschlossen die beiden dann, ein geeignetes Objekt in Rosis Heimatregion für uns zu suchen.

August 2003: Auf der Suche nach einer neuen Heimat

Zwei Tage später sitzen wir beide, also Frauchen und ich, mit einem vollgepackten Rucksack im Zug in Richtung Augsburg. Besser gesagt Gessertshausen, das ist ungefähr 15 km davor. Dort werden wir dann von Rosis Mutter mit dem Auto abgeholt. Heute früh hat uns Hans, unser Taxifahrer nach Riegel zum Bahnhof gebracht. Dann sind wir umgestiegen in Offenburg, Karlsruhe und noch einmal in Ulm. Das Umsteigen in Offenburg ist ja kein Problem, das ist immer der Bahnsteig gegenüber. Nachdem ich das Hörzeichen zum Aussteigen bekommen habe, sagt Frauchen: „Tessy, zur Bahn, voran zeig Tür!" Ich weiß dann genau, dass ich ihr die nächstliegende Tür beim gegenüberstehenden Zug anzeigen soll. Meistens steht die Tür schon auf. Rosi lässt den Führbügel aus und sagt: „Tessy, steig ein, hopp!" An der Leine spürt sie dann schon, ob ich nach oben oder vielleicht auch etwas nach unten gesprungen bin, das ist recht unterschiedlich bei den Zügen. Zum Ein- und Aussteigen des Zuges packt Frauchen auch immer ihren zusammenlegbaren Kurzstock aus, mit dem sie dann den Abstand und die Höhe des Einstieges abtasten kann. Dann steigt auch sie ein. Das ist nicht so ungefährlich. Es gibt blinde Reisende, die schon in den Spalt zwischen Zug und Bahnsteig gerutscht sind. Das ist dann bestimmt ganz arg schmerzhaft. Also lieber aufpassen. Uns ist das zum Glück noch nie passiert. Da kann dann der beste Blindenführhund nicht mehr helfen.

In Karlsruhe und in Ulm haben wir uns beim Umsteigen helfen lassen. Dort ist es immer anders und außerdem haben wir dort nur wenig Zeit bis zur Abfahrt unseres Anschlusszuges. Blinde Bahnfahrer haben die Möglichkeit den Mobilitätsservice in Anspruch zu nehmen. Man muss diese Hilfeleistung nur rechtzeitig telefonisch anmelden, dann bringt uns ein freundlicher Mitarbeiter der Bahn zum richtigen Zug. Das ist eine feine Sache. Nun sind wir aber schon gleich am Ziel in Gessertshausen angekommen und ich bin ja schon so gespannt, ob wir ein passendes Objekt für uns alle finden werden.

Inzwischen sind wir schon seit drei Wochen zu Besuch bei Rosis Mutter in Siegertshofen. Dort ist mein Frauchen aufgewachsen. Der kleine Ort liegt etwa 25 km südwestlich von Augsburg inmitten des Naturparks Augsburg -

Westliche Wälder. Ja, hier ist es wunderschön und vor allem kühler als am Kaiserstuhl. Frauchen kennt sich hier total gut aus. Sie kann sich aus ihrer sehenden Zeit noch ganz genau an die Wege erinnern. So unternehmen wir beide ausgiebige Spaziergänge, wenn wir nicht gerade auf Grundstückssuche sind. Rosi und Joe stellen sich einen alten Bauernhof vor, nicht zu renovierungsbedürftig, in einem Ort mit guter Infrastruktur. So in der Art, wie sie es in Wyhl bereits haben. Aber das ist gar nicht so einfach. Gerade letzte Woche hat sich mein Frauchen ein Objekt angeschaut in Mittelneufnach. Einen renovierten Bauernhof mit großem Grundstück und einem kleinen Bach. Aber leider ist die Infrastruktur in Mittelneufnach ganz schlecht. Dort gibt es kaum eine Busverbindung und ganz wenig Geschäfte, also leider nicht geeignet.

Rosi hat all ihre Freunde und Bekannten beauftragt, Augen und Ohren aufzuhalten und ihr alles Erdenkliche mitzuteilen, was in Frage kommen könnte. Es ist ja wirklich zum Mäusemelken - entweder das Objekt passt nicht, oder die Infrastruktur. Es muss ja passen für Mensch und Tier. Und möglichst hier in der Nähe, dass sich Rosi noch auskennt. Das ist zwar für mich nicht unbedingt ein Vorteil, weil Frauchen dann genau weiß, wo sie sich befindet und ich sie nicht austricksen kann, aber egal. Hauptsache wir fühlen uns alle wohl in unserer neuen Umgebung. Also mir gefällt es hier. Morgens kann ich durch die kühlen Wiesen düsen und im Wald findet sich immer ein Stöckchen zum Spielen. Außerdem gibt es hier auch jede Menge potenzielle Spielkammeraden mit ihren Herrchen und Frauchen. Da kann ich mit meiner freundlichen charmanten Art bestimmt ganz schnell neue Kontakte knüpfen. Tja, nur das geeignete Objekt für unsere neue Gerstlfarm haben wir noch nicht gefunden.

Mal schauen. Heute Vormittag haben wir noch einen Termin mit einem Makler gleich im nächsten Ort in Tronetshofen. Herr Müller holt uns beide mit dem Auto ab und wir fahren zu dem besagten Grundstück. Es ist ein Baugrundstück, kein renovierungsbedürftiger Bauernhof. Egal, dann bauen wir eben eine neue Gerstlfarm, man muss ja schließlich flexibel sein. Mir gefällt es auf Anhieb und meinem Frauchen auch. Rosi kennt den Hang, an dem das Grundstück liegt. Sie ist dort als Kind schon mal Ski gefahren und eine Primiz war dort auch schon mal. Es liegt am Rand des kleinen Ortes. Danach kommen nur noch Wiesen und der Wald. Das ist doch ideal für uns alle. Von Tronetshofen aus kann ich mit Rosi nach Fischach laufen, um unsere Besorgungen und Einkäufe zu erledigen. Außerdem können wir mit dem Bus zum Bahnhof nach Gessertshausen und von dort mit dem Zug nach Augsburg fahren. Rosi telefoniert gleich mit Joe, der ja nicht dabei sein kann und Herr Müller beschreibt ihm die Umgebung. Auch er ist gleich damit einverstanden.

Also dann brauchen wir jetzt nur noch einen Notartermin, bevor wir wieder nach Hause fahren.

Oktober 2003: Herbst am Kaiserstuhl

Es ist zum Glück wieder etwas kühler. Wir sind schon wieder eine ganze Weile zu Hause. Jetzt können wir wieder richtig gut was unternehmen. Neulich waren Gisela und Claude mit Boris hier. Ihr wisst ja - Boris ist Rosis ehemaliger Blindenführhund. Er ist erst sechs Jahre, aber aufgrund seines Schutztriebes bereits pensioniert. Boris ist ein Deutscher Schäferhund und diese Rasse wird ja bekanntlich auch zur Schutzarbeit gezüchtet. Zur Aufgabe als Blindenführhund werden zwar Welpen und Junghunde ausgewählt, die sich diesbezüglich unauffällig verhalten, aber dennoch kann es sein, dass der ausgebildete Vierbeiner mit der Zeit versucht, sein blindes Frauchen oder Herrchen zu beschützen. So war es jedenfalls bei Boris, meinem Vorgänger. Es war dann einfach zu gefährlich für Rosi mit ihm unterwegs zu sein.

Nachdem Rosi mit ihrer Krankenkasse abgeklärt hatte, dass sie Boris aus dem Dienst nehmen muss, suchte sie über eine befreundete Hundetrainerin einen geeigneten Platz für ihn. So ergab es sich, dass er bei Gisela und Claude ein wunderschönes neues Zuhause gefunden hat. Die beiden hatten vorher schon einen etwas kritischen Schäferhund und waren die geeigneten Zweibeiner für ihn. Er hat sich mittlerweile sehr gut eingelebt bei den beiden in Freiburg.

Letzten Samstag also waren wir alle gemeinsam am Rhein. Wir fuhren erst mit dem Auto durch den Rheinwald bis zum Parkplatz am Damm und dann ging es aber los. Boris, Timba und ich rannten um die Wette und balgten nach Herzenslust. Klar gingen Timba und ich auch gleich baden in den Rhein. Boris ist nicht so verrückt nach Wasser wie wir beiden Labbis, er ging nur bis zum Bauch ins Wasser. Das war genug für ihn. Wir Vierbeiner und natürlich auch unsere Menschen genossen diesen Nachmittag. Das war vielleicht schön.

Dann war ich mit Frauchen in Endingen beim Arzt. Erst führte ich Rosi hier in Wyhl zur Bushaltestelle, von wo aus wir dann mit dem Bus nach Endingen zum Bahnhof fuhren. Von dort aus gingen wir dann noch etwa 20 Minuten durchs Städtle, wie die Endingen liebevoll ihr Stadtzentrum nennen, bis wir die Arztpraxis erreicht haben. Den Weg dorthin haben wir ja bei der Einschulung zusammen mit meinem Trainer Paul geübt. Den kenn ich ja. Das war also kein Problem für mich. Der Doktor begrüßte mich total freundlich. Normalerweise dürfen zum Arzt ja keine Hunde mit, ja außer man ist ein Blindenführhund, so wie ich. Mann oh Mann, ich bin schon superstolz auf meine Aufgabe. Wohin ich überall mitdarf, ist schon toll.

Nach Hause sind wir dann zu Fuß gelaufen. Erst wieder durchs Städtle, dann durch ein Wohngebiet zum Stadtrand. Dort beginnt der Fußgänger- bzw. Radweg nach Wyhl. Ich muss mit Frauchen immer schön am rechten Rand laufen, auf der linken Seite fahren die Fahrradfahrer. Die fahren manchmal schon rasant an uns vorbei. Wenn sie von hinten kommen erschrickt Rosi manchmal, aber mich coole Socke juckt das kein bisschen.

Frauchen sagt immer wieder zu mir: "Tessy, rechte Seite!" Ja ich weiß doch Bescheid, Frauchen. Aber sie bleibt immer wieder kurz stehen und kontrolliert mit dem rechten Bein, ob ich auch wirklich ganz am rechten Wegrand laufe.

Wenn wir nicht gerade unterwegs sind, bastelt Frauchen zu Hause an ihrem Plan für die neue Gerstlfarm in Tronetshofen. Rosi war ja vor ihrer Erblindung technische Zeichnerin und sie kann das. Ein Problem war nur, wie sie das aufs Papier bringt, weil sie es jetzt ja nicht mehr sehen kann. Sie versuchte den Grundriss erst einmal mit Holzstäbchen und Papierstreifenaufzukleben, aber das war zu kompliziert. Letztendlich ist sie bei Knetmasse gelandet. Einfach stinknormale Knetmasse, wie sie Kinder zum Basteln verwenden. Sie formt erst einmal dünne Würstchen, mit denen sie dann auf einem großen Brett ihren Grundriss maßstabsgetreu auslegt. So kann sie die Linien fühlen und ganz einfach wieder verändern. Nächste Woche kommt ein Architekt, der dann nach Rosis Grundriss einen Plan auf Papier zeichnen wird.

Januar 2004: Auf zu neuen Taten

Der Plan der neuen Gerstlfarm ist genehmigt. Jetzt geht es ans umsetzen. Wir sind wieder bei Rosis Mutter zu Besuch. Sie war mit meinem Frauchen und mir bereits bei zwei Holzhausfirmen. Also das ist schon mal klar, dass es ein Holzhaus sein soll. Da sind sich Rosi und Joe einig. Nur, wo ist die geeignete Firma, die den Plan nun in die Tat umsetzt? Das ist schon ein richtiges Erlebnis bei den Baufirmen. Es ist ja nicht alltäglich, dass ein blindes Ehepaar ein Haus baut, ja und zum größten Teil auch noch den Plan dazu selber macht. Vorgestern waren wir bei einer führenden Holzhausfirma in der Nähe von Memmingen. Frauchen marschierte mit mir im Führgeschirr zielstrebig zum Eingang des Musterhauses. Der anwesende Architekt unterhielt sich währenddessen mit Rosis Mutter. So etwas haben die noch nicht erlebt. Der Architekt hat gleich seine Chefin angerufen, die gleich Fotos machte von dem Plan mit der Knetmasse. Sie fand die Idee echt genial. Aber Rosi hatte nicht das Gefühl, dass dies die richtige Firma ist. Also geht unsere Reise weiter.

Heute fahren wir beiden mit Rosis Mama und ihrem Lebensgefährten, dem Max, nach Steingaden. Das ist etwa eine Autostunde von Siegertshofen bzw. Tronetshofen entfernt. Dort ist die Firma Blockhausbau Christa. Nachdem uns Herr Christa begrüßt hat, gehen wir alle gemeinsam ins Musterhaus. Zunächst schaut sich mein Frauchen das Haus an. Was heißt da anschauen, wenn sie doch nichts sehen kann. Sie bleibt erst mal im Eingangsbereich stehen und lässt sich vom Chef der Firma alles erklären. Er sagt: „Hier auf der linken Seite befindet sich die Treppe, sie führt mit einer Viertelwendung in das erste Obergeschoß und hier gleich rechts befindet sich eine großzügige Garderobe und anschließend die Gästetoilette. Wenn Sie gerade aus gehen kommen Sie in den großzügigen Wohnbereich mit Küche und einem gemütlichen Ofen und von dort aus auf die große Terrasse auf der anderen Seite des Hauses. Der Eingang ist im Norden, die Terrasse im Süden."

So hat Rosi schon mal eine grobe Orientierung. Rosi tastet dann alles ab und stellt viele Fragen an den Blockhausbauer. Ich bin in der Zwischenzeit bei Rosis Mama an der Leine, lasse aber mein Frauchen nicht aus den Augen. Sie tastet vor allem immer wieder die Blockhauswände ab. Die sind ja auch schön, ein Balken auf dem anderen und alles aus Holz. Da riecht es fast wie im Wald, nicht mehr ganz so intensiv, aber einfach gut. Mir gefällt das. Nach einem längeren Gespräch und einigem Hin und Her mit dem Plan, sind sich Rosi und Herr Christa einig. Das passt! Rosi telefoniert noch mit Joe und berichtet ihre Eindrücke. Auch er ist damit einverstanden. Das ist also die richtige Firma. Wenn jetzt noch alles mit dem Kostenvoranschlag und dem Bauablauf passt, dann hätten wir das auch geschafft. Wenn das in diesem Jahr noch klappen soll, dann wird es schon Zeit, dass endlich fest steht, wer die neue Gerstlfarm bauen soll.

Joe ist in Wyhl geblieben. Der Metzger war da am Bauernhof und hat die beiden Schweine und Max, den großen Ziegenbock, geschlachtet. Es kann leider nur ein Ziegenbock mit nach Tronetshofen umziehen und meine Gerstls entschieden sich für Seppele, den Zwergziegenbock mit seinen drei Damen. Rosi und Joe hatten zwar eine Annonce in der Zeitung, in der Hoffnung einen geeigneten Platz für Max zu finden, aber leider ohne Erfolg. So blieb leider nichts Anderes übrig als ihn zu schlachten. Auch die Stallhasen werden nach und nach geschlachtet. Die Hühner und der Gockel dürfen zu Kurt, einem Freund von Joe, und der Rest zieht mit um. Das dauert zwar noch eine Weile, aber wenn es erst mal los geht mit dem Bauen, ist jede Menge zu tun.

Juni 2004: Baubeginn

Die Baugrube für die neue Gerstlfarm in Tronetshofen ist bereits ausgebaggert und ein Teil des Kellers steht auch schon. Joe hat mit Hans, unserem befreundeten Taxifahrer, einen Wohnwagen zu Rosis Bruder nach Siegertshofen gefahren. Dort wohnen Joe und Timba mit Alexander, einem sehenden Helfer, nun während der Bauzeit. Für Timba ist das ein wunderbarer Platz im Garten gleich neben dem Bach. Was gibt es denn schöneres für einen Labrador als Wasser. Ja Fressen vielleicht, aber Wasser ist schon unser Element.

Ich bin während der Bauzeit mit Rosi in Wyhl. Einer muss ja auf die Tiere schauen und sie versorgen. Außerdem fängt Rosi schon mal an viele Dinge einzupacken. Jetzt muss alles planmäßig ohne Verzögerung klappen. Bis Mitte November ist der Bauernhof in Wyhl bereits vermietet.

Joe kontrolliert die Bauarbeiter. Er hat selbst bereits mehrere Häuser gebaut und umgebaut. Da weiß er ganz genau, worauf zu achten ist. Er krabbelt auch mal auf allen Vieren auf dem Boden und tastet die Ecken und Fugen ab, ob alles seine Richtigkeit hat. Obwohl er nichts sehen kann, entgeht ihm nichts. Tja und mein Freund Timba ist natürlich auch immer mit dabei, um zu kontrollieren, ob die Bauarbeiter vielleicht ein paar Krümel von ihrer Brotzeit übriggelassen haben.

So nimmt unsere neue Gerstlfarm langsam Formen an. Mitte August ist der Keller fertig und die Firma Christa rückt an mit den Balken fürs Blockhaus. Die Balken sind schon laut unserem Plan vorgefertigt, müssen aber alle noch schön säuberlich aufeinandergesetzt und miteinander verbunden werden. So wächst das Haus jeden Tag um ein gutes Stück.

Wie gesagt, Frauchen und ich sind da ja nur mal am Wochenende auf der Baustelle. Da fahren wir dann mit Hans, unserem Freund, mit einem vollbepackten Anhänger und einer ordentlichen Brotzeit für Joe zur Baustelle. Rosi hat einen Lagerraum organisiert, um schon mal einige Dinge mitzunehmen. Ihr könnt Euch ja gar nicht vorstellen, was sich da bei meinen Gerstls so angesammelt hat. Zum Glück haben die beiden Nachbarn, den Klaus und seine Frau, die wirklich alles brauchen können. Das fängt an mit Blumenvasen, übrigem Kaffeegeschirr, verschiedene Möbel und vieles mehr. Da hat sich einiges angesammelt, aber so ein Umzug ist dann doch eine gute Gelegenheit zum Ausmisten.

3. September 2003: Richtfest

Wir beide, Rosi und ich, fahren heute mit unserem Kachelofenbauer zum Richtfest nach Tronetshofen. Auf den Tag genau ein Jahr später als wir beim Notar waren, um das Grundstück zu kaufen. Das ging jetzt aber flott. Schon eine Meisterleistung, was da meine Gerstls auf die Füße gestellt haben. Das muss ihnen erst mal jemand nachmachen. Und das ohne zu sehen.

Wisst ihr, was ein Richtfest ist?

Dieser wichtige Abschnitt beim Hausbau wird durch ein altes Ritual gefeiert. Es wird auch Hebauf genannt. Der Großteil der Arbeit ist vorbei. Der Rohbau steht und das Dach ist drauf. Nun kann gefeiert werden.

Einer der Zimmermänner hat aus dem angrenzenden Wald ein kleines Tannenbäumchen geholt und als Richtbaum auf dem Dach befestigt. Nun kann es losgehen. Alle am Bau beteiligten Personen sind anwesend. Und nicht zu vergessen Timba, der Oberbaustellenhund, und ich. Ich fühle mich geehrt. Welcher Hund hat schon die Möglichkeit bei solch einem feierlichen Ritual dabei zu sein. Richard, einer der Zimmermänner, steht schon auf dem Dach und beginnt mit seiner Ansprache, dem sogenannten Richtspruch. In zünftiger Sprache lobt er den Bau und lässt die Bauherren hochleben. Richard trinkt einen Schluck aus einer Sektflasche und „klirr"! Was war das denn? Direkt vor meiner Nase zerspringt die Flasche in tausend Scherben. Da geh ich mit meiner Rosi lieber ein paar Schritte zurück. Das ist ja gefährlich so ein Fest. Oh je!

Später erfahren wir, dass das so sein muss mit der Flasche. Wenn sie zerspringt, bringt das den Bauherren Glück. Na dann ist ja alles gut.

Und jetzt aber nichts wie ab immer der Nase nach. Hier riecht es schon eine ganze Weile so unverschämt gut. Jetzt ist mir alles klar: Schweinebraten mit Knödel und Blaukraut. Alle sitzen auf den Bierbänken im zukünftigen Wohnzimmer und essen, aber wir zwei Schlappohren müssen unter dem Tisch „Platz" machen, wie immer. Nicht einmal da macht Frauchen eine Ausnahme. Ist schon gemein!

Doch nach dem Essen geht Rosi dann noch mit Timba und mir hoch zum Wald. Schaut echt schön aus, unsere neue Gerstlfarm von hier oben.

Timba und ich toben nach Herzenslust und dann fahren wir wieder zurück nach Wyhl. Timba und Joe bleiben da im Wohnwagen. Bis wir hier in unser neues Haus einziehen können, dauert es doch noch ein bisschen.

Mitte November 2004: Endlich zuhause in Tronetshofen

So, jetzt sind wir endlich zuhause hier in Tronetshofen. Letzte Woche war ich mit Rosi nochmals in Wyhl zur Schlüsselübergabe an die neue Mieterin. Wir übernachteten gleich zwei Häuser weiter in einer Frühstückspension. Das ist schon komisch, wenn ich Rosi am Hoftor vorbeiführe und wir in unser Zimmer in die Pension gehen. Aber nein, jetzt ist Schluss mit dem Gejammer: Es ist gut so und ich freu mich doch so auf unser neues Zuhause. Es war zwar nur eine kurze Zeit, die ich in Wyhl war, aber dafür umso aufregender. Wir treffen uns nochmals mit Sanjo meinem Hundefreund und Sonja zu einem Spaziergang. Ach, die großen Obstplantagen hier am Kaiserstuhl, die werde ich schon vermissen. Ob ich in Tronetshofen wohl genug zu fressen habe, wenn ich mich da morgens nicht selber mit einer ordentlichen Portion Äpfel, Zwetschgen oder Pfirsichen versorgen kann? Na ja, Frauchen wird schon gut auf mich schauen. Ich hab zumindest noch nie davon gehört, dass in Bayern jemals ein Labrador verhungert wäre.

Auch mit Boris und seiner neuen Familie treffen wir uns noch einmal zu einem ausgiebigen Spaziergang im Rheinwald. Aber was heißt da denn ein letztes Mal. Ich kann doch mit meiner Rosi jederzeit wieder zu Besuch nach Wyhl kommen und meine Freunde besuchen.

Aber nun wieder zurück zu meinem neuen Zuhause. Das war schon eine beachtliche Aktion, dieser Umzug über diese Distanz. Es sind doch 350 km von Wyhl nach Tronetshofen. Das waren einige Anhänger voll und ein großer Möbeltransport mit der Spedition.

Hier im neuen Haus ist schon noch alles sehr chaotisch. Wir haben noch keine Treppe. Rosi und Joe kommen über eine Leiter von einem Stockwerk zum anderen. Für uns Vierbeiner geht das aber schlecht. Wenn wir Hunde vom Keller ins Erdgeschoss gehen, müssen wir unten bei der Garagentür raus, über die Straße hoch und oben bei der Haustür wieder rein. Das neue Haus befindet sich am Hang, so geht das ganz gut. Zugegeben, das ist schon etwas kompliziert, aber das wird sich ja dann auch bald ändern. Tag für Tag wird es übersichtlicher im Haus und es verschwinden immer mehr Umzugskisten. Was da alles raus kommt aus diesen Kartons. Das ist ja fast wie Weihnachten. Kaum zu glauben, was die Menschen alles brauchen.

Rosi ist jetzt auch viel im Büro beschäftigt mit Schreibarbeiten. Ihr werdet euch jetzt fragen, wie man denn ohne zu sehen seine schriftlichen Angelegenheiten erledigen kann. Also die Post und die Handwerkerrechnungen scannt Rosi mit dem Computer ein. Der Computer hat eine Sprachausgabe, welche den Inhalt dann vorliest. Zudem ist am Computer eine Braillezeile angeschlossen, mit der Rosi mit ihren Fingern nochmals genauer nachlesen kann.

Ach so, ihr wisst nicht, was eine Braillezeile ist. Die Brailleschrift, die sogenannte Blindenschrift, ist glaube ich jedem bekannt. Das sind insgesamt 6 Punkte, auf der Braillezeile sind es acht Punkte. Je nachdem welcher und wie viele dieser Punkte erhaben sind, stellt das einen Buchstaben, eine Zahl oder ein bestimmtes Zeichen dar. Ich weiß, das klingt total kompliziert, aber sehbehinderte Menschen mit ihren geübten Fingern können diese vielen Punkte sehr gut ertasten und somit im übertragenen Sinn sehen, was auf dem Bildschirm steht.

Wenn Rosi einen Brief schreibt, schaut das aus, wie bei einem Sehenden auch. Allerdings ist ihre Tastatur bei bestimmten Buchstaben mit einem Punkt gekennzeichnet. So weiß sie genau die Grundstellung auf der Tastatur. Wenn dann etwas zu korrigieren ist, geht sie mit Hilfe der Sprachausgabe oder der Braillezeile zu der Stelle, wo sie etwas löschen oder einfügen möchte. Mit der Maus kann ein blinder Mensch nicht arbeiten. Da geht alles über die Tastatur oder eben die Braillezeile.

Wenn Rosi oder Joe ein Formular bekommen, welches mit der Hand ausgefüllt werden muss, brauchen sie allerdings dann doch sehende Unterstützung.

Joe ist meistens mit handwerklichen Tätigkeiten beschäftigt. Obwohl er nichts sehen kann, ist er da recht geschickt. Wenn er beispielsweise einen Hängeschrank aufhängt, arbeitet er mit einer akustischen Wasserwaage. Diese piepst und quietscht dann munter vor sich hin, bis dann ein durchgehender Ton anzeigt, dass der Hängeschrank nun waagrecht ist. Wenn er ein Brett absägt, arbeitet er mit einem tastbaren Meterstab. Wenn er sich dann eine Stelle markieren möchte, muss dies hinterher auch fühlbar sein. Da gibt es kein Pauschalrezept und man muss sich je nach Situation immer wieder eine neue Lösung einfallen lassen.

Was ich hier besonders genieße, sind unsere Spaziergänge rauf zum Wald. Das sind vielleicht 200 m den Berg hoch und ich kann mit Timba nach Herzenslust toben. Da findet man jede Menge Steckerl und Tannenzapfen zum Rumschleppen und Nagen. Allerdings gibt es hier wirklich keine Obstplantagen, aber verhungert bin ich bis jetzt noch nicht.

Den anderen Tieren hier auf der Gerstlfarm geht es auch gut. Die Zwergziegen haben einen neuen Stall, wo sie sich sehr wohl fühlen und unser Lisele, der Papagei, beobachtet aus ihrem Käfig im Wohnzimmer das geschäftige Treiben im Haus. Minki, Murli und Miezi, die drei Schmusetiger der Gerstlfarm, müssen jetzt noch eine Woche im Haus bleiben. Am Tag sind sie in einem geräumigen Zimmer. Da doch immer wieder Handwerker ein- und ausgehen, lässt sich die Haustüre nicht wirklich kontrollieren und das wäre zu riskant. Nicht dass eine abdüst und in der neuen Umgebung nicht mehr zurückfindet. In der Nacht dürfen sie sich schon mal im Haus umschauen. Die drei Miezekatzen werden große Augen machen. Hier haben sie viel mehr Freiheit als in Wyhl und vor allem fährt hier kaum ein Auto, höchstens mal ein Traktor. Mann oh Mann, bin ich froh, dass wir endlich da sind. Das ist ja wie im Paradies.

Januar 2005: weiße Pracht

Ja Leute, was soll ich Euch sagen? Heute früh komm ich raus bei der Tür und alles ist weiß. Was ist das denn? Frauchen sagt: „Es hat geschneit! Es hat jede Menge Schnee."

Das ist also Schnee. Ich hab schon mal davon gehört, aber am Kaiserstuhl und am Rhein, wo ich aufgewachsen bin, gibt es so was nicht. Schaut aber schön aus. Joe nimmt erst mal eine Schneeschaufel und räumt einen Weg von der Haustür bis zur Straße. Dann gehen wir los zu unserer Gassirunde. Heute können wir nicht gerade den Feldweg hoch zum Wald, sondern biegen gleich rechts ab und stapfen bis zum Ende unseres Gartenzaunes. Geradeaus ist kein Weg zu sehen, nicht mal für mich und ich sehe ausgezeichnet. Timba und ich dürfen von der Leine und jetzt aber nichts wie ab in das Vergnügen. Wir zwei Labbis springen und balgen um die Wette. Oh ist das schön!

Timba ist mindestens genauso begeistert wie ich. Er liegt auf dem Rücken und wälzt sich nach Herzenslust in der weißen Pracht. Rosi und Joe gehen in der Zwischenzeit etwas an der Grundstücksgrenze auf und ab. Wir wohnen zum Glück ganz am Ortsrand. Danach kommen nur noch Wald und Wiesen. Weit können die beiden heute jedenfalls nicht gehen. Klar, es ist ja kein Weg zu fühlen. Ach egal, Hauptsache wir zwei Schlappohren haben unser Vergnügen.

Bei unserer Nachmittagsrunde haben wir Glück. Wir können dann doch noch gerade hoch zum Wald. In der Zwischenzeit ist ein Traktor gefahren und Rosi kann mit dem Stock die Spur der breiten Reifen ganz gut ertasten. Doch am Waldrand endet die Spur und wir kehren wieder um. Das ist dann doch zu gefährlich. So gehen wir einige Male hin und her. Leute ich sag Euch, die Sonne scheint und ich balge mit meinem Timba im Schnee. Es ist einfach herrlich!

Auch bei meiner Arbeit im Führgeschirr ist jetzt alles anders. Es gibt auf einmal Hindernisse, die bis jetzt noch nicht da waren. Da muss ich mir eine neue Strategie einfallen lassen. Für mich alleine wär das ja kein Problem. Doch, ob Frauchen dann so gelenkig ist? Ich weiß nicht.

Doch manchmal habe ich Glück und irgendwo ist eine Lücke zwischen den Schneehäufen zum Straße überqueren, aber wenn nicht? Keine Angst, auch da habe ich eine Lösung gefunden. Ich zeige meiner Rosi durch stehenbleiben das neue Hindernis an. Ich warte ab bis sie mir sagt: „Tessy hopp!" Sie lässt das Führgeschirr los und ich hüpfe an der Leine über den Schneehaufen. Ja und dann? „Frauchen hopp!" Dann hüpft auch Rosi drüber und schon geht es weiter. Das ist echt klasse. Endlich wieder eine neue Herausforderung für mich. Das macht echt Spaß.

Mai 2005: Orientierungs- und Mobilitäts- training

Rosi und ich machen gerade Orientierungs- und Mobilitätstraining in Augsburg. Ihr werdet Euch jetzt fragen: „Was um alles in der Welt ist denn das schon wieder?"

Also bei einem sogenannten Orientierungs- und Mobilitätstraining, abgekürzt OundM-Training lernt ein blinder oder sehbehinderter Mensch möglichst sicher und effektiv von einem Ort zum anderen zu gelangen. Einfacher gesagt, wie er mit geeigneten Hilfsmitteln seine Wege bewältigt. Ich bin also nun ganz nüchtern ausgedrückt als ausgebildeter Blindenführhund einfach ein Hilfsmittel. Weitere Hilfsmittel zur Orientierung sind der weiße Stock oder auch elektronische Hilfsmittel, die dann meistens mit Ultraschall arbeiten. Wie eine Fledermaus. Rosi hatte schon mehrmals solch ein Mobilitätstraining. Bald nach ihrer Erblindung lernte sie erst einmal mit Hilfe eines weißen Langstockes ein paar Wege in ihrer näheren Umgebung zu gehen. Dafür gibt es eine spezielle Langstocktechnik. Der Stock, der etwa bis zum Brustbein reicht wird dabei vor dem Körper hin- und hergependelt, wie ein verlängerter Arm, der einen Meter im Voraus schaut, ob der Weg frei ist. Ja, oder ob es vielleicht rauf oder gar runter geht, was noch viel gefährlicher sein kann. Der Langstock dient aber auch zur Orientierung, dass man die Richtung beibehält. Wenn ich im Freilauf bin und Rosi geht währenddessen mit ihrem Stock, tastet sie auch immer wieder am Wegrand nach dem Gras. So kann sie sicher gehen, dass sie sich am Wegrand befindet und einigermaßen die Richtung beibehält.

Heute Morgen sind wir also nach einer ausgiebigen Gassirunde erst mit dem Bus nach Gessertshausen und von dort aus mit dem Zug weiter zum Augsburger Hauptbahnhof gefahren. Wir steigen aus dem Zug.

Auf dem Bahnsteig sagt Frauchen: „Tessy rechts weiter, zur Treppe!" Rosi weiß genau nach dem Aussteigen etwa in der Mitte des Zuges muss sie noch ein Stück in Fahrtrichtung des Zuges gehen, um zur Treppe zu kommen. Wir zwei wuseln uns möglichst rasch durch das Getümmel am Bahnsteig und ich steuere vorschriftsgemäß die Treppe an. Vor der ersten Stufe bleibe ich stehen, bis Rosi mit ihrem rechten Fuß den Absatz ertastet hat und ich das Hörzeichen zum Weitergehen bekomme. Unten an der Treppe angekommen, sagt Rosi: „links weiter zur Halle!" Ach so, heute geht es also in die Bahnhofshalle. Das kenne ich schon. Da waren wir erst um Fahrkarten zu kaufen. Ich weiß Bescheid. Jetzt braucht Rosi mir keine Hörzeichen mehr zu geben. Am Ende der Unterführung zeige ich ihr ganz selbständig die rechte Treppe an, drehe mich oben nach links, dann ein paar Meter gerade und gehe rechts durch eine der automatischen Türen in die Bahnhofshalle. Nun möchte sie sicherlich nach links in die Schalterhalle, aber: „Tessy nein! Stopp!" Wir bleiben mitten in der Halle stehen und warten. Nach etwa fünf Minuten kommt Bernhard. Er ist OundM-Trainer. Er hat in einer mehrjährigen Ausbildung gelernt blinde und sehbehinderte Menschen speziell nach ihren Bedürfnissen zu schulen. Bernhard ist auch Gespannprüfer für Blindenführhundgespanne. Er weiß also auch Bescheid, wie sich ein Blindenführhundhalter orientieren kann. Rosi kennt sich in Augsburg zwar ganz gut aus, weil sie hier ja einige Jahre gewohnt hat, aber während ihrer Zeit am Kaiserstuhl hat sich dann doch einiges geändert. Heute zeigt Bernhard uns den Weg zur Fußpflegepraxis. Da hat Rosi nächste Woche einen Termin. Nun geht es los. „Tessy zum Ausgang! "Wir gehen wieder durch eine der automatischen Türen aus der Halle raus. „Rechts weiter!" Nun geht es gerade den Bahnsteig 1 entlang bis zu dem Durchgang auf der rechten Seite. Diesen kann Rosi hören. „Tessy rechts zeig Weg!" Am Ende des Durchganges zeige ich durch Stehenbleiben eine niedere Bordsteinkante an. „Tessy weiter!" Nach der kurzen Überquerung der Einfahrt zögere ich nur kurz und Rosi merkt am Führbügel, dass es nun wieder rauf geht. Ist ja auch nur ein niederer Bordstein, aber dieser ist ja auch wichtig. Paul mein Ausbilder war bei so niederen Bordsteinkanten immer besonders tollpatschig und wenn ich nicht genug aufgepasst habe, ist er immer gestolpert. Nein das ist unangenehm, so ein plötzlicher Ruckler im Führgeschirr. Da pass ich lieber gleich auf. Wir gehen weiter gerade auf dem Gehweg entlang am Bahnhofsvorplatz vorbei. „Tessy zeig Ampel!" Ach ja, ich kann sie schon sehen. Ich umgehe erst einmal ein paar Leute, die mir im Wege stehen und zeige meiner Rosi durch das Anspringen des Ampelpfostens das gewünschte Objekt an. „Prima Tessy, good girl!" Oh das tut gut in meinen Schlappohren. Rosi klopft auf den Ampelpfosten und lobt mich total überschwänglich. Alle Leute um uns herum beobachten mich. Ja schaut nur, was ich für eine tolle Hundedame bin. Das macht Spaß. Rosi tastet auf der Unterseite des Kästchens an der Ampel, wann der Pfeil vibriert. Das ist dann das Zeichen, dass die Ampel in der Richtung des Pfeiles grün ist. Zusätzlich ertönt ein Signal. Wir können gehen. Bernhard erklärt Rosi immer wieder auf was sie zu achten hat, auch wo sich die einzelnen Ampeln befinden und wie sie funktionieren. Da gibt es leider immer noch verschiedene Systeme. Bei manchen Ampeln muss Rosi einen Knopf drücken, dass der eben beschriebene Pfeil vibriert. Bei anderen gibt es überhaupt keinen Pfeil nur ein Signal, das ist ganz verschieden. Das ist ja auch nicht schlimm, aber wissen muss man es eben. Bernhard macht Rosi auch auf die verschiedenen Bodenbeschaffenheiten aufmerksam. . Danach kann sich ein Erblindeter ganz gut orientieren. Auch weist er auf bestimmte Eingänge und Häuserlücken hin, dessen Schall man ganz gut hören kann. Auch ein Führhundehalter muss wissen, wo er sich gerade befindet, damit er seinem Hund die entsprechenden Anweisungen geben kann. Wir gehen nun weiter die Bahnhofstraße entlang, überqueren die Burgkmairstraße und dann achtet Rosi wieder darauf, wo sie auf der linken Seite einen Durchgang hören kann. Das ist nicht ganz so einfach hier bei diesem Getümmel. Ach ja, jetzt hat sie was gehört. „Tessy links zeig Weg!" Vorschriftsgemäß biege ich nach links ab. „Rechts zeig Tür zur Fußpflege!" Ach so, da ist also das gewünschte Ziel. Wir gehen dann über die Treppen in den zweiten Stock und dann nehmen wir die rechte Tür zu unserem gewünschten Ziel. Da braucht Rosi eben eine sehende Hilfe, welche ihr erst einmal zeigt, wie, wo und welches Stockwerk. Schilderlesen kann ich eben noch nicht. Wir sind nun also in der Fußpflegepraxis und ich zeige Rosi noch den Schalter zur Anmeldung an. Das ist ja ganz einfach. Ganz klar, dass mich auch dort alle bewundern. Rosi sagt kurz Hallo. Bernhard zeigt uns noch, wo das Wartezimmer ist und dann sind wir auch schon wieder weg. „Tessy zum Ausgang!" Ich führe mein Frauchen die Treppen runter bis zur Ausgangstür. Ich bleibe natürlich vorschriftsgemäß bei jedem Treppenabsatz stehen, bis ich das Hörzeichen zum Weitergehen bekomme. Draußen angekommen biegen wir nach dem Durchgang wieder links in die Bahnhofstraße ab. Oh, da ist gleich ein Café. Die Leute sitzen draußen und genießen das schöne Wetter. Das wäre doch was. Aber nein, Bernhard zeigt uns noch den Weg zum Stadtmarkt. Da hat sich in den letzten sieben Jahren, in denen Rosi weg war von Augsburg, doch einiges geändert. Doch auf dem Rückweg zum Bahnhof gehen wir dann doch noch in mein Café. Meine Leute quatschen und ich liege an der Sonne und beobachte die vielen Menschen. So hin und wieder kann ich auch mal einen Hund sehen. Der würd mich jetzt schon interessieren. Doch sobald Frauchen merkt, dass ich da Interesse zeige, sagt sie gleich: „Tessy nein, der geht dich nichts an!" Wie gemein, aber wenn Frauchen das sagt, lass ich es eben bleiben.

Nachdem sich Bernhard verabschiedet hat, bleiben wir noch eine Weile sitzen. Den Rückweg zum Bahnhof schaffen wir alleine. Von dort aus fahren wir wieder mit dem Zug nach Gessertshausen und dann mit dem Bus zurück nach Tronetshofen.

Das war schön. So ein aufregender Tag. Ich freue mich ja schon auf nächste Woche, wenn Rosi dann ihren Ter-

min hat. Ist schon spannend, so ein Leben als Blindenführhund.

Sommer 2005: Neuigkeiten von der Gerstlfarm

Im Frühling haben Joe und zwei Landschaftsbauer unseren Garten angelegt. Sie haben die Einfahrt und ein
paar Wege gepflastert und einen Zaun gezogen. Anschließend wurde alles schön bepflanzt und der Rasen
eingesät. Joe hat dann jeden Tag mehrmals gießen müssen, dass die kleinen Pflänzchen und der Rasen gut an-
wachsen. Das Frühjahr war sehr trocken. Es hat ja kaum
geregnet. Jetzt aber haben meine Gerstls Zeit und wir
unternehmen immer öfter einen Ausflug in die nähere
Umgebung. Gleich hier bei unserer täglichen Gassirunde,
weiter durch den Wald, kommen wir nach Itzlishofen.
Dort gibt es einen schönen Biergarten, wo unsere Zweibeiner etwas essen und trinken können. Timba und ich
bekommen wie immer nur eine große Schüssel mit fri-
schem Wasser. Dafür dürfen wir fast die ganze Strecke
bis zum Gasthaus frei laufen und toben. Das ist schön. Im
Wald gibt es jede Menge Stöckchen, wo ich mit Timba
dann um die Wette rangeln kann. Hin und wieder treffen
wir auf unserem Weg auch andere Wanderer mit Hunden. Wenn nicht, macht das auch nichts, ich hab ja meinen Timba. Der ist doch mein bester Kumpel und er hat
immer Lust zum Spielen.

Wenn wir durchs Dorf gehen und auf der anderen Seite durch den Wald laufen, kommen wir nach Unterrothan. Dort ist ebenfalls eine Gaststätte mit einem wunderschönen Biergarten. Manchmal haben wir auch Besuch und wir gehen etwas weiter. Neulich waren wir zusammen mit Uwe und Ela im Waldcafe in Mickhausen. Dorthin brauchen Rosi und Joe dann eine sehende Begleitung, weil sie den Weg dorthin noch nicht kennen. Es ist hier auf jeden Fall richtig schön und wir haben viele, viele Gelegenheiten unsere Runden zu drehen.

Ich möchte Euch gerade noch erzählen, welche Neuigkeiten es auf der Gerstlfarm sonst noch gibt.

Also wir haben wieder fünf Hühner und einen Gockel. Er heißt Horst. Sie laufen hier frei im Garten und bei Nacht sind sie in ihrem Hühnerstall gleich neben unseren Zwergziegen. Ach ja, die Hühner sind auch Zwerghühner. Die Eier von ihnen sind zwar etwas kleiner, aber dafür umso besser. Dann haben wir seit Kurzem noch einen Neuzugang – Jako, einen zweiten Graupapagei. Jetzt ist unser Lisele wenigstens nicht mehr alleine. Jako ist schon 15 Jahre und er kommt ursprünglich aus Sierra Leone in Afrika. Er ist also ein sogenannter Wildfang. Zum Glück ist das ja schon seit ein paar Jahren verboten, kleine Papageien aus dem Nest zu räubern und hierher nach Deutschland zu bringen. Doch Jako hat die weite Reise hinter sich. Wir haben ihn von einer Nachbarin bekommen, die sich aus gesundheitlichen Gründen nicht mehr um ihn kümmern konnte. Nun hat er bei uns ein schönes Zuhause gefunden.

15. Oktober 2005: Tag des weißen Stockes

Heute ist der 15. Oktober und an diesem Tag wird jedes Jahr auf der ganzen Welt der „Tag des weißen Stockes" begangen. An diesem Tag machen Blindenverbände durch verschiedene Aktionen aufmerksam auf die Belange blinder und sehbehinderter Menschen. So ist heute auch eine Veranstaltung des Bayerischen Blinden- und Sehbehindertenbundes in Augsburg. In den Räumlichkeiten der Stadtwerke ist ein Langstockparcours aufgebaut, wo sehende Besucher mit verschiedenen Simulationsbrillen nachahmen können, wie es ist, ein kleines Stück Weg blind oder sehbehindert zu bewältigen. Das ist bestimmt eine interessante Erfahrung für viele. Ich darf mit meiner Rosi vorführen, wie es ausschaut, mit einem Führhundgespann durch die Stadt zu laufen. Wir gehen jede halbe Stunde mit einigen Interessierten eine kleine Runde. Ich bleibe vorschriftsgemäß an Bordsteinkanten stehen, gehe Hindernissen aus dem Weg und zeige eine Ampel an. Dann gehe ich wieder zurück zu den Stadtwerken und zeige Frauchen eine Sitzgelegenheit zum Ausruhen. Natürlich haben die Besucher noch jede Menge Fragen an Rosi. Ja dann geht es auch schon wieder weiter mit der nächsten Runde. Das ist wie auf dem Jahrmarkt, aber mir macht das einen Riesenspaß. Ich stehe gerne im Mittelpunkt. Dann kommen sogar noch das Fernsehen und die Zeitung und begleiten uns bei einer der Runden. Abends waren wir beide dann aber fix und fertig.

April 2006: Seminar in Saulgrub

Juhu, Leute hier hat's noch Schnee. Wir sind insgesamt acht Blindenführhunde und toben hier um die Wette. Es ist Anfang April und ich bin mit Rosi bei einem Seminar in Saulgrub. Das ist gleich bei Oberammergau, also mitten in den Bergen. Frauchen war hier im Aurahotel des Bayerischen Blinden- und Sehbehindertenbundes schon oft, aber für mich ist es das erste Mal. Hier ist es richtig schön und es gibt sogar eine Hundedusche. Dort gehen wir immer hin, bevor wir ins Hotel gehen, einfach zum Saubermachen oder zum Duschen, wenn es denn unbedingt notwendig ist. Ich hab das zwar nicht so gern, wenn das Wasser so unfreiwillig von oben kommt, lieber entscheid ich selber, wenn ich ins Wasser springe. Na ja, aber manchmal lässt sich das nicht umgehen. Leider!

So, jetzt aber zum Seminar: Rosi und die anderen Führhundehalter lernen einiges über die Gesundheit von uns Hunden. Eine Tierheilpraktikerin aus München vermittelt unseren Frauchen und Herrchen viel Wissen, wie sie uns Vierbeiner gesund erhalten können. Wir Hunde liegen währenddessen gemütlich unter den Tischen und ruhen uns aus für die nächste Gassirunde im Park. Das ist echt angenehm. Also meinetwegen könnte Rosi da öfters mit mir hinfahren. Da gibt es echt viel zu entdecken. Außerdem bietet das Haus hier Spaziergänge und Ausflüge für ihre sehbehinderten Besucher an. Daran können wir dieses Mal aber nicht teilnehmen, weil wir ja den ganzen Tag Seminar haben. Abends nach einer ausgiebigen Gassirunde mit den anderen, sitzen wir noch bis spät in die Nacht im Bierstüble. Leider ist das Wochenende viel zu schnell vorbei, aber da komm ich bestimmt wieder her.

Schulbesuch

Hier ist vielleicht was los. Wir sind bei einem unserer Schulbesuche in der Grundschule in Anhausen. Hier im Klassenzimmer sind bestimmt 30 Kinder der dritten Klasse. Das Thema Behinderung ist hier im Schulplan. Da kann meine Rosi natürlich einiges aus ihrem Leben erzählen.

Gleich in der Früh hat uns eine nette Lehrerin von zu Hause abgeholt. Rosi hat eine riesengroße Tasche mit ihrer Punktschriftmaschine und einigen Blindenhilfsmitteln dabei. Aber das Wichtigste am ganzen Schulbesuch bin ich. Das könnt ihr euch sicherlich vorstellen. Ich führe Rosi vorschriftsgemäß zu dem freien Stuhl, den die Lehrerin für uns vor der Tafel vorgesehen hat. Frauchen lobt mich überschwänglich: „Good girl, feines Mädchen!" Oh das tut gut in meinen Schlappohren. Dann bekomm ich noch ein Leckerli, bevor mir Frauchen das Geschirr abnimmt. Frauchen setzt sich auf den Stuhl und ich mache „Platz" links neben ihr. Viel lieber würde ich jetzt zwischen meinen kleinen Freunden rumwuseln und mit meiner Schnüffelnase schauen, wer die beste Brotzeit dabei hat. Aber nein, wenn Frauchen „Platz" sagt, mach ich das eben.

Rosi erzählt erst mal einiges über uns beide. Dann zeigt sie den Schülern die mitgebrachten Blindenhilfsmittel. Alle sind total still und aufmerksam und machen ganz große Augen. Die haben noch nie ein Farberkennungsgerät gesehen oder einen Meterstab mit Punkten drauf. Rosi hat auch eine tastbare Uhr dabei und natürlich Blindenschrift. Sie liest ein paar Zeilen aus einem Punktschriftbuch vor und schreibt dann noch für jedes Kind den Namen in Blindenschrift. Dann haben die Kinder eine kleine Erinnerung an unseren Besuch. Außerdem können sie die Punkte mit dem mitgebrachten Blindenschriftalphabet vergleichen.

So, dann geht es aber zum Thema Mobilität. Nachdem Rosi erklärt hat, wie ein weißer Langstock von einem sehbehinderten Menschen eingesetzt wird, dürfen die Kinder nach und nach selbst mit verbundenen Augen ausprobieren, die Ausgangstür zu finden. Die Kinder lachen und haben ihren Spaß dabei. Dann komm ich endlich zum Einsatz. Rosi nimmt mich ins Geschirr und geht erst einmal durch die Tische und Stühle der Schüler und dann sagt sie auf einmal: „Tessy, zum Ausgang, zeig Tür!" Ich weiß ja gleich, was sie möchte und steuere auf dem schnellsten Weg die Ausgangstüre an. Da staunen die Kinder aber mit ganz großen Augen, wie schnell das geht. Nachdem mich meine Rosi ausgiebig gelobt hat, zeige ich ihr noch einmal ihren Sitzplatz an und die Kinder dürfen Fragen stellen.

Die ersten Fragen beziehen sich natürlich auf mich: „Wie wird ein Hund eigentlich zum Blindenführhund?", „Welche Rassen werden denn zum Blindenführhund ausgebildet?", „Was bekommt die Tessy zu fressen oder wie bereitest du das Futter für die Hunde zu, wenn du doch nichts siehst?". Einige Kinder erzählen auch über ihren Hund, den sie zu Hause haben.

Dann interessiert die Kinder aber auch noch, wie Rosi kocht, einkauft oder das Geld erkennt. Fragen über Fragen und dann ertönt auch schon der Gong und die zwei Schulstunden sind vorbei. Die Schüler und die Lehrerin bedanken sich bei uns und meine Rosi bekommt noch was zu Naschen und was ist das denn? Ein großer Kauknochen für mich! Da freue ich mich aber, dass sie auch an mich verfressenes Schlappohr gedacht haben. Es war auf jeden Fall wieder einmal superschön. Die Kinder behalten diese besonderen Schulstunden bestimmt noch lange in Erinnerung. Doch wir müssen jetzt wieder auf dem schnellsten Weg zurück nach Hause, damit ich mich in Ruhe meinem Kauknochen widmen kann.

Mein Alltag als Blindenführhund

Jetzt werde ich Euch mal erzählen, wie so eine ganz normale Woche bei mir ausschaut. Es ist ja nicht jeden Tag eine Attraktion angesagt. Wir gehen jeden Tag unsere zwei großen Gassirunden. Das muss ich ja nicht extra erwähnen. Aber das macht ja jeder Hund. Dafür braucht man ja keine spezielle Ausbildung. Viele meiner Kollegen gehen täglich mit ihrem blinden Herrchen oder Frauchen zur Arbeit, aber das braucht Rosi ja nicht. Sie ist Rentnerin. Das heißt aber nicht, dass sie untätig Zuhause herumsitzt. Sie hat genug Arbeit im Haushalt. Bis sie uns Tiere versorgt hat und etwas zu Mittag gekocht hat ist so ein normaler Vormittag schon vorbei. Jeden Freitagvormittag gehe ich mit Frauchen auf den Wochenmarkt. Das ist wie ein kleiner Ausflug für uns zwei. Nach einer kurzen morgendlichen Gassirunde laufen wir die fast vier Kilometer weite Strecke nach Fischach. Das ist auch immer wieder ein gutes Training für mich. Warum? Ja weil am Freitag bei uns in der Gemeinde Müllabfuhr ist. Da könnt Ihr Euch vorstellen, wie viele von diesen grauen Tonnen auf dem Gehweg stehen. Das macht aber nichts. Manchmal stehen sie so, dass ich daran vorbei komme mit meinem Frauchen. Ich zögere kurz und wenn ich dann die Erlaubnis zum Weitergehen bekomme, setze ich meinen Weg fort. Manchmal stehen die Dinger aber so was von mittendrin, dass ich den Gehweg verlassen muss. Ich zeige Rosi dann die Bordsteinkante an und wenn sie sagt: „Tessy weiter!" weiche ich in diesem Fall kurz auf die Straße aus.

Wenn der Gehweg dann wieder frei ist, zeige ich Frauchen wiederum die Bordsteinkante nach oben an, warte auf das „weiter!" und setze meinen Weg fort. So funktioniert das, damit ihr euch meine Arbeit ein bisschen vorstellen könnt. Wenn wir dann in Fischach auf dem Marktplatz angekommen sind, warte ich ab, wo Rosi hinmöchte. Sie sagt: „Tessy zum Käse!" oder „Tessy zum Gemüse!" Dann spurte ich sofort los. Ihr müsst wissen: Da bekomme ich überall eine Belohnung. Wir gehen also erst zum Käsestand und kaufen ein. Bis jetzt habe ich ja ganz geduldig Platz gemacht, aber jetzt kommt es. „Tessy komm!" „Sitz!" „Tessy, wie spricht der Hund?! „Wuff,

wuff!" Klar schauen alle Marktbesucher auf mich. Frauchen, jetzt ist aber Schluss mit der Vorführung, jetzt bekomm ich endlich meinen Käse. Na endlich!

Dann führe ich Frauchen zum Gemüse. Da bekomm ich dann eine Karotte. Die schmeckt auch. Bevor wir dann vollbepackt mit dem Bus nach Hause fahren, gehe ich mit meiner Rosi noch kurz einen Kaffee trinken. Solch eine Einkaufstour machen wir meistens zwei Mal die Woche. Eben einmal auf den Wochenmarkt und dann ein weiteres Mal für weitere Besorgungen. Da führe ich Rosi dann mal zur Post, zur Apotheke, zur Gemeindeverwaltung, zum Rewe oder eines der anderen Geschäfte, die es in Fischach noch gibt. Manchmal gehen wir auch in die andere Richtung nach Siegertshofen. Dort besuchen wir Freunde, oder trinken bei Rosis Bruder in der Bäckerei einen Kaffee. Ja dann ist wieder Mal ein Schulbesuch, ein Seminar oder ein Termin mit Rosi in Augsburg. Also Langeweile kommt da nicht auf bei so einem Job.

August 2007: Graupapageien von der Gerstlfarm

Wir haben zwei junge Graupapageien. Cora und Cocco sind Kongo-Graupapageien, so wie unser Lisele. Lisele ist vor etwa einem Jahr gestorben. Sie war krank und auch in der Tierklinik konnte ihr nicht mehr geholfen werden. Dann war Jako einige Zeit alleine, aber ein Papagei alleine fühlt sich nicht wohl. Sie leben schon gerne in Gesellschaft. Cora und Cocco sind von einem Züchter. Das heißt: die Beiden wurden im Brutapparat ausgebrütet und dann von Menschenhand aufgezogen. Als sie zu uns kamen, hat Joe sie auch noch mit einem kleinen Löffel füttern müssen. So werden sie besonders zahm und haben keine Scheu vor den Menschen. Jako dagegen ist ja noch ein Wildfang. Doch dafür ist er auch relativ zahm. Er kommt auch auf die Hand, lässt sich stundenlang auf der Schulter durch die Gegend tragen und Rosi kann ihm auch sein Köpfchen kraulen. Jako ist übrigens ein Timneh-Graupapagei. Er ist etwas kleiner als seine jungen Freunde und er ist dunkelgrau. Cora und Cocco sind hellgrau und haben rote Schwanzfedern. Graupapageien sind sehr intelligent und sprachbegabt. Die drei quatschen alles Mögliche und Unmögliche nach. Besonders unser Cocco ist ein absolutes Talent. Das geht los von „Guten Morgen!", „Was ist denn da los?" bis hin zu „Du alte Sau!" und vieles mehr. Außerdem pfeifen sie allerhand Melodien wie die „kleine Nachtmusik" oder den „Ententanz". Da ist immer was los. Rosi und Joe nehmen ihre gefiederten Freunde auch hin und wieder mit unter die Dusche. Das ist eine besondere Gaudi. Joe kann Cora und Cocco während des Duschens auf der Hand halten, weil sie ja so zahm sind. Rosi setzt ihren Jako lieber auf den Boden, also in die Duschwanne. Er rennt dann um sie rum und schreit „hopp, hopp, hopp! Nach dem Duschen dürfen sie dann wieder zurück ins beheizte Wohnzimmer, wo sie sich dann ausgiebig ihre Federn putzen können. Seit Kurzem rufen sie: „Max und Moritz". Ihr werdet Euch jetzt fragen: „Wer ist das denn?"

April 2008: Unsere Flaschenkinder Max und Moritz

Wir sind gerade unterwegs zur Geburtstagsfeier unseres Nachbarn. Da hält ein Auto. Es ist Karl-Heinz ein Schäfer aus dem Nachbarort. „Wartet mal ihr Hübschen! Ich hab euch was." Na, da bin ich ja gespannt. Er macht den Kofferraum auf und in einem großen Karton sind zwei kleine Lämmer. Die sind vielleicht süß. „Von den Kleinen ist die Mutter gestorben und jetzt weiß ich nicht wohin." „Mäh, mäh!" tönt es aus dem Karton. „Ich habe keine Zeit die zwei aufzuziehen. Habt ihr beiden Lust dazu?" Inzwischen hat sich die Tierliebe von Rosi und Joe scheinbar schon in der ganzen Gegend rumgesprochen. „Mäh, mäh". Wie soll man da denn nein sagen können bei diesen kleinen Wollknäulen. „Ich hab alles dabei: Lämmertrockenmilch und zwei Babyflaschen. Ihr könnt sofort loslegen. Also umdrehen, kehrt Marsch wieder zurück nach Hause. Joe richtet mit Karl-Heinz auf die Schnelle eine Ecke im Ziegenstall her, damit die Kleinen aus ihrem Karton rauskommen. Dann bekommen sie gleich eine Flasche und dann kuscheln sie sich zufrieden in ihr Strohbett. Anschließend gehen wir dann doch noch auf die Geburtstagsfeier.
Als wir spät nach Hause kommen, hören wir unseren Zuwachs schon. „Mäh, mäh!" Die zwei haben Hunger. Rosi bereitet schnell zwei Fläschchen zu und dann wird aber geschlafen.

Unsere Flaschenkinder sind zwei Böckchen. Sie heißen Max und Moritz. Sie wachsen von Tag zu Tag und inzwischen dürfen sie während des Tages raus in den Garten. Joe hat dafür ein kleines Gehege aufgestellt. Sie bekommen immer noch ihr Fläschchen. Dafür braucht Rosi keinen Wecker zu stellen, die beiden Lausbuben melden sich lautstark, wenn sie Hunger haben.

Rosi und Joe machen sich schon Gedanken, wo die beiden dann grasen werden. Das mit der Flasche ist ja dann auch irgendwann vorbei. Zum Glück bekommen meine Gerstls über die Flurbereinigung eine Wiese gleich in der Nähe der Gerstlfarm. Jetzt ist Joe dabei, das Grundstück einzuzäunen. Einen geräumigen Unterstand hat der Zimmermann auch schon geliefert, damit die beiden bei jeder Witterung geschützt sind.

Max und Moritz sind inzwischen zu zwei stattlichen Böcken herangewachsen. Es sind Bergschafe und jeder von den beiden wiegt so 120 kg. Was sich inzwischen als problematisch herausstellt, ist, dass unsere ehemaligen Flaschenkinder keinerlei Scheu vor Menschen haben. So muss Joe verdammt aufpassen, wenn er zu ihnen auf die Wiese geht. Sie meinen immer noch, dass Joe der Spielgefährte von einst ist. Eines Tages passiert es dann. Joe geht in Richtung Tor und Max springt ihm voller Wucht in den Rücken. Joe ist schwer verletzt. Es ist einfach zu gefährlich. So entschließen sich meine beiden Gerstls erst Max und dann auch Moritz schlachten zu lassen.

Bildbeschreibung: Rosi gibt Moritz die Flasche

Bildbeschreibung: Max und Moritz im Gehege

August 2008: Trauer um Timba

Ich bin so traurig. Mein geliebter Timba ist Tod. Es ging so schnell. Ich war Anfang August noch mit Rosi und ihrer Mama im Urlaub in Österreich und als wir nach Hause kamen ging es ihm nicht so gut. Wir sind eine schöne Runde spazieren gegangen und er wollte nicht einmal in den Bach zum Baden. Also, da stimmte etwas nicht. Timba, der sonst nicht mehr aus dem Wasser zu bekommen war, interessierte sich kein bisschen für das kühle Nass. Auch sonst wirkte er so schlapp und müde. Klar es war Sommer und ganz schön heiß, aber trotzdem. Rosi und Joe gingen am Nachmittag gleich mit ihm zu unserer Tierärztin. Sie nahm ihm Blut ab und stellte fest, dass er ganz blasse Schleimhäute hat, aber zur genaueren Abklärung empfahl sie, Timba in die Tierklinik zu bringen. Gleich am nächsten Tag fuhren meine Gerstls dann mit meinem Freund nach Augsburg in die Tierklinik. Beim Ultraschall stellten die Tierärzte dann ganz schnell einen faustgroßen Tumor im Bauchraum fest. Für meinen Timba gab es keine Rettung mehr. Von da an lebte er nur noch eine Woche. Wir unternahmen nur noch kleine Spaziergänge und zu Hause lag ich die ganze Zeit bei ihm. Er baute von Tag zu Tag ab, bis er dann eines Morgens nicht mehr aufstehen konnte. Am Abend davor waren wir noch eine kleine Runde oben am Waldrand und jetzt konnte er nicht mal mehr aufstehen. Mensch Timba mit gerade 7 Jahren musst du uns verlassen. Was mach ich denn nur ohne dich? Aber so ist es ja auch kein Leben für ihn. Joe hat seinen Timba noch einmal in den Garten getragen, damit er sein Geschäft erledigen kann, aber selbst da ging nichts mehr. Schweren Herzens hat Rosi dann unsere liebe Tierärztin angerufen, die dann wenig später kam und unseren Freund erlöste.

Oktober 2008: Simba zieht ein

Ich habe wieder einen neuen Freund. Er heißt Simba und ist ein großer schwarzer Labbimixrüde. Ich hab euch doch erzählt, dass ich im August mit Rosi und ihrer Mama in Österreich im Urlaub war. Da waren wir auch zu Besuch bei der Österreichischen Schule für Blindenführhunde in St. Katharein in der Steiermark. Da habe ich Simba schon kurz kennenlernen dürfen. Er war bereits bei einem blinden Mann als Blindenführhund, aber dieser kam nicht klar mit ihm. Das gibt es auch, dass die Beziehung zwischen Hund und Halter nicht passt. Die Schule hat den Simba dann zurückgenommen. Rosi sagte noch: „Wer weiß für was das gut ist?" Aber dass der große schwarze Lümmel bald bei uns auf der Gerstlfarm einziehen wird, hat sie sich zu diesem Zeitpunkt natürlich nicht denken können. Jedenfalls haben Joe und Simba die Einschulung jetzt schon hinter sich. Heute wollen wir das erste Mal wieder gemeinsam einen Ausflug machen durch den Wald nach Unterrothan. Da freu ich mich schon drauf. Jetzt hat Joe wieder einen Blindenführhund und ich einen Kumpel mit dem ich um die Wette balgen kann.

Es gibt noch eine positive Veränderung in meinem Leben. Nach dem frühen Tod von Timba haben sich Rosi und Joe überlegt, was sie verändern können, dass wir Hunde gesünder sind. Sie haben unser Futter umgestellt. Jetzt bekommen ich und Simba rohes Fleisch mit Gemüse. Barf nennt man das. Das ist echt lecker und ich fühle mich damit total wohl.

Mai 2009: Ein besonderer Besuch

Ich komme gerade mit Rosi von meiner Gassirunde, da sehe ich es schon, das Wohnmobil von den Bubenheims. Juhu, ich freu mich so. Ich springe ihnen entgegen. Meine Hanne, mein Hein, meine Patenfamilie von einst. Sie haben mich nicht vergessen. Seitdem ich von ihnen weg bin, und das ist inzwischen schon eine ganze Weile, haben sie mich noch jedes Jahr besucht. Sie fahren über den Winter mit ihren Hunden und dem Wohnmobil immer nach Griechenland und auf dem Rückweg kommen sie uns dann besuchen. Sie haben für mich und Simba leckere Kauknochen mitgebracht. Rosi und Joe bekommen Pistazien und einen guten Wein aus Griechenland. Frauchen hat schon Kaffee und Kuchen vorbereitet und unsere Zweibeiner sitzen auf der Terrasse um Neuigkeiten auszutauschen. Simba und ich widmen uns in der Zwischenzeit unserem Kauknochen. So vergeht die gemeinsame Zeit viel zu schnell und meine Bubenheims fahren weiter in Richtung Heimat. Aber ich freue mich schon aufs nächste Jahr. Da kommen sie bestimmt wieder.

Mai 2010: Reif für die Rente

Wir beiden, ich und meine Rosi, sind wie so oft auf dem Weg nach Fischach. Gerade haben wir noch die Hauptstraße überquert und laufen nun auf dem Fußgängerweg in Richtung Willmatshofen. Oh je, mir tut so mein Rücken weh und jetzt im Führgeschirr noch viel mehr. Ich hab das schon eine ganze Weile, aber bis jetzt konnte ich den Schmerz noch ganz gut verbergen vor meinem Frauchen. Doch heute ist es ganz schlimm. Ich mache total eckige Bewegungen beim Gehen. Frauchen sagt ganz besorgt: „Tessy, was ist mit Dir? Tut Dir was weh?" Rosi tastet mit ihren Fingern, ob mein Führgeschirr richtig sitzt, oder ob ich mir was in die Pfoten getreten habe. Aber nichts, alles gut! Was heißt hier alles gut? Die Schmerzen, die ich habe, kann sie von außen ja nicht fühlen. In Fischach gehen wir gleich zu unserer Tierärztin. Wir haben Glück. Sie hat gerade Zeit für uns. Sie kann natürlich gleich feststellen, dass ich Schmerzen im Rücken habe und macht ein Röntgenbild. Sie stellt bei mir eine Arthrose im unteren Rücken und in der Hüfte fest. Ich bin doch gerade mal 9 Jahre und kann doch jetzt noch nicht in Rente gehen. Ich mache meinen Job doch total gerne, aber mit diesen Schmerzen kann ich einfach nicht mehr. Ich bekomme Schmerztabletten und Frauchen geht mit mir zur Akkupunktur. Mir hilft das alles ganz gut, aber auf die Dauer ist das Laufen im Führgeschirr und die konzentrierte Führarbeit einfach zu viel für mich. Zudem habe ich jetzt noch einen beginnenden grauen Star und das geht dann ja schon gar nicht mehr, ein blindes Frauchen und ein schlecht sehender Führhund. Alles in Allem beschließt Frauchen, sich nach einem geeigneten Nachfolger für mich umzuschauen. Der wächst ja nicht einfach so auf dem Baum. Er oder sie muss ja zu Rosi passen, sich mit Simba und mir vertragen und mit den anderen Tieren auf der Gerstlfarm klarkommen. Das ist nicht ganz so einfach. Doch irgendwo ist er bestimmt. Davon bin ich überzeugt.

Rosi kontaktiert nun einige Führhundeschulen, ob sie einen passenden Führhund für sie haben, der möglichst bald fertig ist mit der Ausbildung. Wir waren jetzt auch schon zu Besuch bei einer Schule in Niederbayern. Dort ist eine Labradorhündin, die noch nicht vergeben ist. Ich war natürlich mit dabei. Das ist ja klar. Aber was soll ich sagen - die Hündin harmonierte nicht mit mir. Dann bringt das ja alles nichts. Also geht die Suche weiter. Rosi ist schon ganz verzweifelt. Zum Glück kann Rosi aber seit kurzer Zeit auch mit ihrem Computer ins Internet. Sie schaut sich nach neuen Führhundeschulen um. Da findet sie eine Führhundeschule in der Nähe. Diese war Rosi bisher noch nicht bekannt. Sie ruft gleich an und siehe da, die Ausbilderin hat einen blonden Labradoodle, welcher gerade am Anfang der Ausbildung ist. Der ist noch frei. So ein Glück! Jetzt muss er nur noch zu uns passen. Ich bin ja so gespannt. Morgen kommt Eva, die Ausbilderin, mit ihm zu uns zu Besuch. Dann werden wir den Burschen kennenlernen.

Wir treffen uns oben am Wald. Joe mit Timba und ich mit meiner Rosi sind schon da. Nun kommt Eva mit Filou,

dem Labradoodle den Berg raufgelaufen. Wir drei Vierbeiner begrüßen uns und verstehen uns sofort. Simba
und Filou rennen gleich los. Ich mach lieber mal etwas
langsam mit meinem Rücken, aber er gefällt mir. Wir
laufen eine Runde und meine Gerstls unterhalten sich
mit der Hundetrainerin. Anschließend gehen wir alle
nach Hause. Mal schauen, was Filou zu den Katzen und
den Hühnern sagt. Er schaut zwar, aber er macht keine
Anstalten, dass er hinterherrennen möchte. Also das
sieht ja gut aus. Rosi gefällt Filou auch und so beschlie-
ßen wir, dass Filou, wenn er fertig ausgebildet ist, zu uns
auf die Gerstlfarm kommen darf. Das wird aber noch ein
gutes halbes Jahr dauern. So lange laufe ich mit Rosi
noch die wichtigsten Strecken.

März 2011: Filou löst mich ab

So, nun ist Filou ganz offiziell der neue Blindenführhund von Rosi. In den letzten Wochen hatten die beiden
zusammen mit Eva ihre Einschulung. Gestern haben die
beiden nun noch ihre Gespannprüfung absolviert. Was
das ist, eine Gespannprüfung, hab ich Euch ja bereits in
meinem ersten Büchlein genau erklärt. Rosi war ganz
schön aufgeregt. Es hat aber alles supergut geklappt. Ich
bin total stolz auf die beiden. Nun kann ich also ganz
beruhigt meinen wohlverdienten Ruhestand antreten.
Zugegeben, etwas komisch ist es schon, wenn Rosi Filou
das Führgeschirr anzieht und ich brauche nicht mehr mit.

Doch unser Frauchen macht das ganz geschickt. Erst geht sie mit uns Vierbeinern eine ordentliche Runde im Wald und dann erst nimmt sie Filou ins Führgeschirr und geht weiter. Dann bin ich ganz froh, wenn ich auf meiner Decke unter der Eckbank liegen bleiben darf. Auf manchen Wegen darf ich dann auch noch mit. Dann nimmt mich Frauchen zusätzlich zu Filou an die Leine. Das klappt ganz gut und Filou lässt sich dadurch auch nicht beeindrucken. Außerdem kommt jetzt zweimal die Woche eine Freundin von meinen Gerstls, mit der ich dann etwas unternehme. Die Susi geht mit mir in den Wald und anschließend darf ich mit ihr nach Hause. Das ist echt interessant. Es gibt für mich ja immer noch so viel Neues zu entdecken. Mir tut ja nur mein Rücken weh. Mein Kopf ist ja noch superfit und ich bin immer noch so neugierig, wie ich es als Welpe war.

Bildbeschreibung: Tessy, Filou und Simba mit Rosi

Juli 2011: Hochlandrinder Irmi und Gwendolin

Wir stehen mit unserem sehenden Helfer, dem Lumpi, auf der Terrasse und blicken Richtung Wald zu unserer eingezäunten Wiese oben am Waldrand. Dort grasen unsere zwei Milchschafe, die Nachfolgerinnen von Max und Moritz. Lumpi meint: „Die Wiese ist viel zu groß für die zwei Schäfchen! Das grasen die beiden niemals ab! Da fehlt doch noch was!"

„Tja, was fehlt denn da noch?"

Nach kurzem gemeinsamem Überlegen, waren meine Gerstls und Lumpi einig: Ein Kalb oder zwei, ein Rind ist ja schließlich ein Herdentier und da sollten es ja doch mehrere sein!

Also kurzerhand setzt sich Rosi an den Computer und sucht im Internet nach einem geeigneten Kalb, oder so. Sie ist nach kurzer Zeit so frustriert - da wird nur von Ware gesprochen und nicht von einem Lebewesen. Echt schlimm!

Sie telefoniert mit einem Viehhändler im Nachbarort, der sie für verrückt erklärt: „Was, ein Kalb auf die grüne Wiese stellen und ihm ein schönes Leben bieten? Was sind Sie denn für ein Träumer?" Rosi fasst das als Kompliment auf und sucht weiter. Der kennt mein Frauchen nicht. Sie ist genauso stur wie ich. Wenn sich die erst mal was in den Kopf gesetzt hat. Die gibt nicht so schnell auf. Einen Sinn hatte das Telefonat mit dem Viehhändler doch. Er meinte, ob wir denn eine Betriebsnummer hätten. Ohne Betriebsnummer gibt es kein Rind. Die sind alle registriert in einer Datenbank.

Also informiert sich Rosi erst über die bürokratischen Voraussetzungen, damit ein junges Rind auf der Gerstlfarm einziehen kann. Im Internet finden meine Gerstls inzwischen auch einen geeigneten Zuwachs. Es sind zwei Schottische Hochlandrinder. Sie stammen aus der Allgäuer Hochlandrinderzucht. Da war auf einmal die Rede von „liebevoller Aufzucht und menschennah", das hörte sich ja schon besser an. Kurzerhand telefonieren Rosi und Joe mit den Züchtern und beschreiben ihre Situation. Sie entscheiden sich für Irmi und Gwendolin, zwei halbjährige Mädels. Es dauert dann noch zwei Wochen bis alles Bürokratische geregelt ist. Dann bringt uns das Züchterehepaar die beiden Zottelmonster. Schottische Hochlandrinder sind kleine, robuste Rinder, haben aber Riesenhörner und ein richtig dickes Zottelfell. Sie können das ganze Jahr auf der Weide bleiben.

Jetzt im Sommer ist das ja auch kein Problem, aber im Winter bei meterhohem Schnee, wie soll da Joe als Nichtsehender die 300 m rauf zur Weide kommen. Die beiden haben ja besonders im Winter einen mächtigen Hunger und brauchen Heu, Silo und Kraftfutter. Wie soll das denn gehen? Wir brauchen unbedingt einen geeigneten Stall als Winterquartier.

Joe hat die beiden inzwischen sehr ins Herz geschlossen. Sie stehen schon am Tor, wenn er kommt, dann bekommen sie ihre Leckerlis (getrocknetes Brot), werden gebürstet und geknuddelt. Besonders Gwendolin ist die sanftere und verschmustere der beiden. Irmi ist etwas kleiner, hat aber die längeren Hörner. Sie ist so ein richtig freches Mädchen.

Rosi hört sich um und erfährt, dass im Nachbarort, eine alleinstehende alte Frau verstorben ist. Mein Frauchen kannte den kleinen Bauernhof und natürlich auch die verstorbene Besitzerin, die Leni, wie alle in Siegertshofen sagten, noch von ihrer sehenden Zeit. Meine Gerstls nehmen Kontakt auf zum jetzigen Eigentümer und schon bald können sie das kleine Anwesen besichtigen.

Ihr werdet jetzt wieder denken: „Was heißt denn da besichtigen, wenn die beiden doch nichts sehen?" Rosi und Joe gehen durch die einzelnen Räume im Haus, durch den Stall und die Scheune. Bestimmte Dinge tasten sie ab, andere wiederum lassen sie sich beschreiben. Besonders der Stall mit der angrenzenden Grünfläche gefällt Joe ganz gut. Genau das Richtige für seine Zottel-damen. Es gibt zwar noch viel Arbeit bis zum Winter, aber dann ist das neue Quartier gesichert.

Bildbeschreibung: Hochlandrinder Irmi und Gwendolin

Dezember 2011: Unser Bauernhof

Inzwischen haben wir Winter und ganz schön viel Schnee. Gut, dass Irmi und Gwendolin jetzt in ihrem Winterquartier sind. Während der Nacht sind sie im Stall und am Tag lässt sie Joe raus auf die Wiese. Joe hat jetzt auch wieder zwei Schweine und zusätzlich noch sechs Schwarzkopfschafe. Das macht ihm einen Riesenspaß, wenn er seine Tiere versorgen kann. Vor allem seine Schweine, die hat er schon sehr vermisst, seitdem wir von Wyhl weggezogen sind. Ich bin jetzt des Öfteren mit Rosi und Filou alleine zu Hause, weil Joe und Simba über Nacht am Bauernhof bleiben. Klar bis er seine ganze Arbeit gemacht hat, dauert das schon ein bisschen. Ihr müsst Euch überlegen, er macht das ja alles ohne zu sehen. Das ist schon eine Leistung. Rosi ist mehr für den Haushalt, unser leibliches Wohl und das Organisatorische zuständig. Und das ja auch alles ohne zu Sehen. Das muss den beiden erst Mal jemand nachmachen. Ich bin echt froh, dass ich auch jetzt als Rentnerin hier auf der Gerstlfarm bleiben darf.

Mittlerweile haben wir schon wieder Frühling und Irmi und Gwendolin können wieder auf ihre Koppel nach Tronetshofen am Waldrand. Zum Glück, da Joe ziemliche Rückenprobleme hat. Die schwere körperliche Arbeit während des Winters hat ihm ganz schön zugesetzt. Er hat die Arbeit mit den beiden Rindern echt unterschätzt. Seine Rückenschmerzen werden trotz Behandlung nicht besser. So entschließen sich meine Gerstls schweren

Herzens Irmi und Gwendolin wieder abzugeben. Sie telefonieren mit dem Züchterehepaar und sie nehmen die beiden gerne wieder zurück. Es ist ein schwerer Moment für Joe, als er seine zwei Lieblinge in den großen Viehanhänger führen muss.

Irmi und Gwendolin konnten nicht mehr in die Herde mit anderen Schottischen Hochlandrindern integriert werden. Sie waren durch Joes Sehbeeinträchtigung zu rücksichtsvoll geworden und wurden nun nur gemobbt. Jetzt leben sie zusammen mit einem jungen Stier bei einem total netten Ehepaar am Hohenpeißenberg und es geht ihnen dort richtig gut.

Juli 2012: Minishettys von der Gerstlfarm

Joe geht nach wie vor mit Simba täglich zu seinem Bauernhof nach Siegertshofen. Er versorgt dort seine Schafe und seine Schweine. Doch Simba zeigt ihm immer wieder, dass er langsam nicht mehr arbeiten möchte. Vielleicht tut ihm ja auch was weh, so wie mir damals. Jedenfalls muss er langsam an einen neuen Blindenführhund denken. Meine Gerstls sprechen mit Eva, der Ausbilderin von Filou. Sie meint: „Joe, für Dich wäre doch ein Blindenführpony eine gute Sache! Was meinst Du?!"

Joe war erst überrascht. Davon hat er noch nie was gehört. Eva hat schon einmal ein Minipferd ausgebildet und in Amerika gibt es einige Miniponys, die diesen Job ausüben. Für meine Rosi wäre das nichts. Sie ist viel im Bus und im Zug unterwegs. Da wäre ein Pony nicht so günstig, aber für Joe wäre das doch ideal. Er läuft ja hauptsächlich hier vom Haus in Tronetshofen nach Siegertshofen zum Bauernhof. Nach einiger Bedenkzeit konnte sich das Joe ganz gut vorstellen. Vor allem wird ein Pony ja viel älter als ein Hund. Außerdem könnte das Pony noch ein kleines Wägelchen ziehen oder eine Packtasche tragen. Ja, und meine Gerstls haben ja auch die idealen Voraussetzungen, ein Pony zu halten.

Nun geht also Rosis Arbeit wieder los. Sie informiert sich im Internet über verschiedene Ponyrassen. Von der Größe kommen da nur Minipferde, Falabellas und Minishettys in Frage. Meine Gerstls entscheiden sich für ein Minishetty. Sie sind einfach im Umgang, also auch für Anfänger geeignet und auch sehr robust. Das klingt doch gut. Nach einiger Suche finden sie bei einem Züchter eine Stute mit Fohlen. Da bin ich jetzt ja mal gespannt. Ihr seht ja, langweilig wird es hier auf der Gerstlfarm nie. Immer wieder gibt es etwas Neues.

Ach, da kommen sie ja mit dem kleinen Viehanhänger. Ja und was steigt da aus? Oh, ist das süß. Ein kleines Fohlen, ich sag Euch das ist vielleicht so groß wie ich und daneben gleich die Mama. Die beiden laufen gleich mal eine Runde im Garten. Schaut so aus, als fühlten sie sich ganz wohl hier. Die Fientje, so heißt die Mama, grast und grast und das kleine Fohlen Urli, geht nicht von ihrer Seite. Es gibt nun wieder viel Neues zu entdecken und zu lernen für meine Gerstls. Neulich war auch schon der Hufschmied da. Klar doch, damit der kleine Urli gleich von Anfang an gut auf seinen Hufen stehen soll und keine Fehlstellung entstehen kann. Das ist schon wichtig. Rosi hat auch schon ein kleines Halfter für das Fohlen genäht. Einfach so, dass er sich schon mal an so ein Ding auf der Nase gewöhnt. Das will ja alles gelernt sein. Wenn Rosi und Joe mit Fientje spazieren gehen, bleibt Klein-Urli sowieso in der Nähe seiner Mama. Fientje ist recht streng mit ihrem Nachwuchs. Er muss sich nur etwas zu weit von ihr entfernen - es genügt ein energisches Wiehern von ihr und Klein-Urli kommt angerannt. Rosi informiert sich täglich im Internet über die Aufzucht und Haltung von Ponys. Es ist ja alles neu und es gibt viel zu lernen. Inzwischen ist meinen Gerstls klar, dass sie Fientje nach einem halben Jahr von ihrem Fohlen trennen müssen, Absetzen nennt man das. Aber dann ist der kleine Urli für längere Zeit ja ganz alleine. Das geht doch nicht. Rosi telefoniert mit dem Züchter. Er erzählt, dass er eine kleine Stute abzugeben hat, die im April geboren ist. Außerdem sucht er ein gutes Plätzchen für einen älteren Zuchthengst. Welch ein Zufall. Rosi spricht mit Joe und die beiden sind sich sofort einig. Das ist die Lösung des Problems.

Es ist jetzt Ende Oktober und gerade kommt ein fremdes Auto mit einem Viehanhänger hier in den Hof gefahren. Ja und was soll ich euch sagen, ich höre sie schon freudig wiehern. Da kommen sie auch schon raus, die kleine schwarze Buanita und unser Unsinn. Das ist vielleicht ein Wiedersehen. Fientje dreht fast durch vor lauter Freude. Unsinn und sie sind wie ein altes Ehepaar. Der Hengst ist übrigens auch der Papa von dem kleinen Urli und der Opa von Buanita. Nun ist unsere Ponyfamilie komplett. Die beiden Fohlen bleiben da und die beiden

Großen bringt Joe mit dem Züchter gleich zu unserem Bauernhof nach Siegertshofen. So sind alle Vier abgelenkt und es entsteht erst gar kein Trennungsschmerz. Buanita ist ja auch erst ein paar Stunden weg von ihrer Mama. Es ist schön mitanzusehen, wie die beiden Fohlen jetzt ganz eigenständig den Garten erkunden und miteinander spielen. Auch Fientje und Unsinn genießen ihr Zusammensein und drehen erst mal eine Runde auf der großen Weide am Bauernhof. Rosi und Joe sind nun viel unterwegs mit den Kleinen. Es ist ja wichtig, dass sie ihre Umgebung erkunden und lernen am Halfter zu laufen. Inzwischen gibt es auch schon ein Shettyfohlenhalfter zu kaufen für die Zwei. Zwar muss Rosi diese Halfter auch noch ein bisschen kleiner nähen, aber das funktioniert so ganz gut. Ja meine Rosi ist da ganz geschickt. Mit viel Gefühl und ein paar Hilfsmitteln schafft sie das bestens immer wieder neue Lösungen zu zaubern. So nimmt sie zum Beispiel einen Nadeleinfädler, so ein kleines Metallteil mit Draht zur Hilfe, wenn sie einen Faden einfädeln möchte. Was sie natürlich auch braucht, ist viel, viel Geduld. Das dauert natürlich länger als bei einem Sehenden. Aber egal, Hauptsache es klappt und bis jetzt hat sie es immer noch ganz gut geschafft.

Bildbeschreibung: Minishettystute Fientje mit ihrem Fohlen Urli

Bildbeschreibung: Rosi mit Urli und Buanita beim fressen

Bildbeschreibung: Joe mit Unsinn, Urli und Fientje auf der Weide

Mai 2013: Wieder ein Flaschenkind

Wir haben wieder ein Flaschenkind auf der Gerstl-farm. Da kommt ihr nie drauf, um welches Tier es sich handelt. Also ich verrat Euch jetzt nur, dass der Kleine Jango heißt, ganz bequem in Rosis Hand Platz hat und im Moment nicht einmal 100 g wiegt. Habt ihr eine Idee? Nein! Also gut, ich sag es euch: es ist ein kleiner Stein-marder.

Tja, wie kommen denn meine Gerstls zu so einem un-gewöhnlichen Mitbewohner? Ein Steinmarder ist ja ein Wildtier und man bekommt ihn normalerweise nicht so leicht zu sehen.

So etwa vor einer Woche sind Rosi und Joe mit ihren Hunden zum Bauernhof nach Siegertshofen gelaufen. Da kommt Dominik ein junger Landwirt auf die beiden zu und fragt: „Ihr habt doch da bestimmt eine Idee? Ich habe ein kleines Steinmarderbaby beim Abtragen eines Hackschnitzelhaufens gefunden, was gebe ich denn dem Kleinen zu futtern? Im Moment bekommt er Kuhmilch. Rosi antwortete: „Ich würd sagen, die ist viel zu fett. Wir haben noch Lämmertrockenmilch am Bauernhof, die bringen wir dir auf dem Rückweg vorbei."

Nachdem Rosi und Joe ihre Tiere am Bauernhof ver-sorgt haben, bringen sie Dominik die Trockenmilch. Joe sagt: „Aber, wenn du keine Zeit hast den Kleinen aufzu-ziehen, kannst du ihn ja zu uns bringen. Meine Gerstls sind noch keine zehn Minuten zu Hause, da klingelt es schon an der Tür. Ihr ahnt es bestimmt. Es ist Dominik und er drückt Rosi den kleinen Jango in die Hand. Ja, was soll ich sagen, es ist nicht einmal eine Hand voll. So ein kleiner Schatz. Dann kommt Joe. Rosi drückt ihm den Kleinen in die Hand. Mein Frauchen setzt sich sofort an den Computer und googelt nach Informationen zur Aufzucht eines Steinmarders. Sie ist überrascht, welch genaue Infos es dazu gibt. Da wird wirklich genau beschrieben, wie alt ein Steinmarderbaby bei welchem Gewicht ist und was es jetzt gerade braucht. Also nach dieser Tabelle ist unser Jango etwa eine Woche alt. Zur Erstversorgung steht da: Fencheltee verdünnt in einer Einwegspritze ins Maul spritzen. Rosi macht sich sofort ans Werk, während Joe den Kleinen in seiner Hand wärmt. Am nächsten Tag besorgen meine Gerstls in der Tierklinik dann Katzenaufzuchtmilch und ein geeignetes Fläschchen dazu. Von nun an klingelt alle zwei Stunden der Wecker, auch bei Nacht, damit unser Baby regelmäßig sein Fläschchen bekommt. Rosi bereitet die Aufzuchtmilch zu, währen Joe dem Kleinen seinen Bauch massiert. Bald schon brauchen meine Gerstls auch keinen Wecker mehr zu stellen. Der kleine Jango hat die beiden schon ganz gut im Griff. Ein schriller Schrei aus seinem Karton genügt und seine Wünsche werden erfüllt. Ob das in der Natur mit Mardermama auch so funktioniert. Ich weiß nicht. Auf jeden Fall hat sich das schlaue Kerlchen hier schon eine Luxusherberge ausgesucht. Inzwischen hat er seinen Schuhkarton gegen einen geräumigen Meerschweinchenkäfig getauscht. Dieser steht im Gästezimmer, welches sich unser Baby von der ersten Sekunde an gemietet hat. Jetzt, nach acht Wochen, frisst er auch schon spezielles Katzenfutter, natürlich auch eine Empfehlung von der Internetseite. Als Napf dient zurzeit noch ein niederer Eierbecher aus Edelstahl. Tja, da muss man sich schon des Öfteren eine spezielle Lösung einfallen lassen, bei einem so ungewöhnlichen Vierbeiner.

So, jetzt nach ein paar Monaten hat sich unser Jango in der Holzhütte der Gerstlfarm eingenistet. Er ist zu einem prächtigen Kerlchen herangewachsen. Inzwischen frisst er mehrere Eintagsküken, die es tiefgefroren zu kaufen gibt. Mit unseren anderen Tieren gibt es kein Problem. Er versteht sich ausgezeichnet mit Strolchi, unserem roten Kater. Strolchi fängt die Mäuse und bringt sie Jango, der schon ganz ungeduldig in seinem Versteck lauert und auf Nachschub von seinem Freund wartet. Abends spielt Joe mit seinem Jango auf der Wiese. Die beiden sind wirklich ein Superteam. Meine Gerstls achteten von Anfang an darauf, dass Jango nur eine Bezugsperson hat, wie empfohlen. Außerdem vermieden sie den Kontakt zu den Hunden. Das könnte in der Freiheit ja ein potentieller Feind für einen Steinmarder sein. Jango genoss sein Leben in der Freiheit und gestaltete die Holzhütte nach seinem Geschmack um. Wenn Joe mit einem speziellen Lockton nach ihm rief, kam er sofort aus seinem Versteck und die beiden schmusten eine Runde. Jango war etwa 2 Jahre als meine Gerstls bei Nacht einen Schrei von ihm hörten und seither ist er spurlos verschwunden. Sie vermuten, dass es eine Eule oder etwas Ähnliches war, der Jango zum Opfer gefallen ist. Die Gefahren der Natur konnten ihm Joe und Rosi nicht beibringen. Das kann nur die Mardermama, wenn sie mit ihrem Nachwuchs bei Nacht unterwegs ist.

Juni 2014: Doch wieder ein Führhund für Joe

Das mit dem Blindenführpony hat nun doch nicht geklappt. Trotz größter Mühe und super Gegebenheiten hat Joes Kostenträger die Ausbildung von Urli nicht übernehmen können. Ein Blindenführpony ist leider kein anerkanntes Hilfsmittel bei uns in Deutschland. Die Ponys bleiben aber trotzdem bei uns auf der Gerstlfarm. Rosi und Joe gehen mit ihnen spazieren und ansonsten vergnügen sie sich auf der Weide, die vier Süßen. Urli und Unsinn sind inzwischen kastriert, so dass es auch bei den Vieren bleibt. Ja, was ist jetzt aber mit Joe und seinem Führhund? Also Simba ist nun in seinem wohlverdienten Ruhestand, so wie ich auch. Nur wohnt er jetzt bei der Bärbel in Waldberg. Die Bärbel ist eine erfahrene Hundehalterin und sie hat schon einen Hund, die Sissy, eine Colliehündin. Simba versteht sich bestens mit Sissy und es geht ihm richtig gut in seinem neuen Zuhause.

Joes neuer Führhund heißt Sam. Es ist ein großer Schweizer Sennenhundmix. Der große Schwarze lebt nun seit ungefähr drei Wochen bei uns und ich und Filou verstehen uns bestens mit ihm. Sam und Filou tollen beim Spaziergang um die Wette. Ich bleibe lieber in der Nähe meiner Rosi. Nicht, dass mich die beiden noch überrollen.

Bildbeschreibung: Rosi und Joe mit Tessy, Filou und Sam

Mai 2015: Meine letzten Jahre

Jetzt habe ich euch vieles aus meinem bunten Leben bei meiner Rosi erzählt. Mittlerweile bin ich 14 Jahre alt. Mein Frauchen hatte nicht gedacht, dass ich so alt werde, weil bei mir doch schon mit neun Jahren diese Arthrose aufgetreten ist und ich seither täglich Schmerztabletten einnehmen muss. Die schmecken aber ganz gut, fast wie Hundeleckerlis. Seit einigen Wochen lässt mich Frauchen nur noch an der Flexileine laufen. Mich hat es schon ein paarmal umgehauen, einfach die Füße weggezogen und da lag ich platt auf dem Boden. Ich habe zwar, wie Filou und Sam, beim Freilauf auch ein Glöckchen am Halsband, aber wenn ich mich nicht mehr bewege, hört man das ja nicht. Aber die lange Flexi reicht mir. Ich trotte eh nur noch in der Nähe meines Frauchens mit und schnüffle etwas durch die Gegend. Mit Filou und Sam kann ich schon lange nicht mehr mithalten. Zudem wurde ich in den letzten Jahren zunehmend Kot inkontinent. Es ist ganz schön schwierig für Rosi und Joe damit umzugehen, weil sie ja nichts sehen können. Doch fanden die beiden auch dafür eine Lösung. Vor unserer Gassirunde bekomme ich seither immer ein sogenanntes Kotsäckchen unter meine Rute. Dieses wird nach vorne mit zwei Bändern um meinen Bauch befestigt. Das funktioniert ganz gut. Sonst liegen meine ganzen Würstchen in der Hofeinfahrt oder noch zuvor im Haus. Alles in allem habe ich die letzte Zeit aber doch ganz schön abgebaut. Am 26. Oktober 2015 bin ich dann in den Armen meines Frauchens mit der Unterstützung unserer lieben Tierärztin bei uns im Haus auf der Gerstlfarm friedlich eingeschlafen. Jetzt gehe ich meinen Weg über die Regenbogenbrücke, wo schon viele meiner Hundefreunde auf mich warten. Ich danke allen, die zu meinem wunderschönen erfüllten Hundeleben beigetragen haben.

Hier schreibe ich Euch noch die Geschichte von der Regenbogenbrücke auf:

Die Regenbogenbrücke

Irgendwo auf dieser Seite des Himmels gibt es einen Ort, den man die Regenbogenbrücke nennt.

Wenn ein Tier stirbt, das auf Erden einem Menschen sehr nah gewesen ist, begibt es sich zur Regenbogenbrücke. Dort gibt es Wiesen und Hügel für alle unsere lieben Gefährten, dort können sie umherlaufen und zusammenspielen. Auf der anderen Seite der Regenbogenbrücke gibt es Futter, Wasser und Sonnenschein in Hülle und Fülle, und unsere Hunde können ein zufriedenes und erfülltes Leben führen. All die Tiere, die alt und krank waren, sind wieder voller Gesundheit und Lebensfreude; diejenigen, die verletzt oder verstümmelt wurden, wurden geheilt, gerade so, wie wir uns an sie in unseren Träumen und Gedanken erinnern.

Die Tiere könnten glücklich und zufrieden sein, wäre da nicht eines – der Verlust des geliebten Menschen, den sie auf der anderen Seite der Regenbogenbrücke zurücklassen mussten. Jedoch – der Tag wird kommen, an dem sie ihr Spiel plötzlich unterbrechen und eines der Tiere erwartungsvoll und zitternd in die Ferne schaut – dann wird es, so schnell es seine Füße tragen über das grüne, saftige Gras laufen. Es hat dich entdeckt, und du wirst deinen treuen Gefährten in die Arme schließen, um ihn nie wieder loszulassen. Von Glück erfüllt streichelst du seinen Kopf und blickst in die vertrauten Augen deines Kameraden, der vor langer Zeit aus deinem Leben gerissen wurde, aber niemals aus deinem Herzen. Dann überschreitet ihr zusammen die Regenbogenbrücke, um für alle Zeit ein Leben in Zufriedenheit und Freude zu verbringen.

(Autor des englischen Originals: Paul C. Dahm – The Rainbow Bridge

frei übersetzt von „wir-hundefreunde": Die Regenbogenbrücke)

Zeitfracht Medien GmbH
Ferdinand-Jühlke-Straße 7
99095 Erfurt, Deutschland
produktsicherheit@kolibri360.de